W0196986

Katharina Bremer
Jessica Schwarzer

FINANZ
HELDINNEN
Der Finanzplaner für Frauen

Klimaneutral
Druckprodukt
ClimatePartner.com/13336-1905-1001

FSC
www.fsc.org
MIX
Aus verantwortungs-
vollen Quellen
FSC® C106954

Originalausgabe
2. Auflage 2020
Verlag Komplett-Media GmbH
2020, München
www.komplett-media.de
ISBN: 978-3-8312-0565-3
Auch als E-Book erhältlich

Text-Mitarbeit: Britta Scholz und Melanie Rübartsch
Lektorat: Redaktionsbüro Diana Napolitano, Augsburg
Korrektorat: Buch&media GmbH
Cover und Umschlaggestaltung: Guter Punkt, München
Layout und Satz: Buch-Werkstatt GmbH, Bad Aibling
Druck & Bindung: COULEURS Print & More, Köln

Gedruckt in der EU

Katharina Bremer
Jessica Schwarzer

FINANZ
HELDINNEN

Der Finanzplaner für Frauen

KOMPLETTMEDIA

INHALT

DEIN WEG ZUR FINANZHELDIN STARTET JETZT!

»Geld hat man, aber man spricht nicht darüber.« Diesen Satz kennt jede*r von uns. Wir wollen mit diesem und vielen weiteren Tabus zum Thema Finanzen aufräumen. Aus diesem Grund haben wir Anfang 2018 die Initiative *finanz-heldinnen* ins Leben gerufen. Wir, das sind Mitarbeiterinnen aus den unterschiedlichsten Bereichen der comdirect gemeinsam mit einer Reihe an Unterstützer*innen. Unser Ziel ist es, speziell Frauen für das Thema Finanzen zu begeistern und sie auf dem Weg in ihre finanzielle Unabhängigkeit zu begleiten. Und genau hier fangen wir jetzt an!

Schritt für Schritt begleiten wir dich und gehen mit dir auf die Reise durch den Finanzdschungel. Dich erwartet geballtes Wissen zu den ersten Schritten bei deiner Finanzplanung. Sind die Grundarbeiten erledigt und hast du dir einen Überblick über deine finanzielle Lage geschaffen, Budgettöpfe aufgestellt und herausgefunden, welchen Einfluss Emotionen auf deine Anlageentscheidungen ausüben können, nehmen wir die nächste Stufe und steigen in die Geldanlage mit Wertpapieren ein.

Mit unserem *finanz-heldinnen*-Planer unterstützen wir dich dabei, dein individuelles Anlageprofil aufzustellen. Eine Wertpapierstrategie gibt es nicht von der Stange. Dafür spielen zu viele individuelle Faktoren eine Rolle. Nimm es selbst in die Hand, denn niemand kennt deine Bedürfnisse, Wünsche und Ziele so gut wie du. Wichtig zu wissen: Im Fokus steht zu jeder Zeit der langfristige Vermögensaufbau.

Zudem machen wir eine Reihe an Abstechern in die Börsenwelt und erklären dir wichtige Fachbegriffe, Anlagestrategien für dein Depot und geben praktische Vorsorge-Tipps. Auf unserer Reise zeigen wir dir außerdem eine Reihe an Beispielen in Text- und Bildform. Um diese darzustellen, nutzen wir die Angebote von comdirect. Vieles funktioniert bei anderen Banken aber ganz ähnlich.

Wir freuen uns sehr, dass du den ersten Schritt gemacht und dir diesen Planer vorgenommen hast. Er unterstützt und begleitet dich auf deinem Weg zur Finanzheldin.

Viel Freude beim Lesen!

Katharina & Jessica

Finanzen begegnen Dir in jeder Lebenslage – sei vorbereitet

#FINANZHELDINNEN

KURZ UND EINFACH – FÜNF SCHRITTE, DIE DICH ANS ZIEL BEGLEITEN

Hätte, wenn und aber. Diese Wörter begleiten uns häufig im Alltag und hindern uns daran, mit Dingen voranzukommen. Damit du bei deinen Finanzen durchstarten kannst, haben wir dir fünf Schritte zusammengetragen, die dich auf deinem Weg begleiten. Lies sie dir durch, verinnerliche sie, und kehre zu ihnen zurück, sollte dir ein Punkt im Planer schwerfallen.

1. Anfangen ist besser als perfekt

Oft geht es darum, einfach mal anzufangen. Etwas auszuprobieren und zu schauen, wie es sich anfühlt. Den ersten Schritt hast du schon gemacht, denn du hältst diesen Planer in den Händen.

2. Sei ehrlich zu dir selbst

Finanzen sind etwas sehr Persönliches und nehmen enormen Einfluss auf dein Leben. Je weiter du dich im Planer vorarbeitest, desto bewusster wird dir das werden. Umso wichtiger ist Ehrlichkeit – auch wenn sie (kurz) wehtut. Sei besonders beim Thema Haushaltsbuch und der Beleuchtung deiner Ausgaben aufrichtig zu dir selbst. Denn nur so kannst du auch Erfolge sehen!

3. Lebe entspannter

Einfacher gesagt als getan. Wir versprechen dir jedoch: Hast du die Schritte erst einmal abgearbeitet, wirst du deinem Ziel ein großes Stück nähergekommen sein. Du wirst so viel lernen und umsetzen, dass dich deine Finanzen nicht mehr unbewusst belasten, sondern du dich entspannt zurücklehnen und dein Geld für dich arbeiten lassen kannst. Namaste!

4. Finde deine Stärken und Schwächen

Beim Thema Geldanlage ist es wie mit vielen anderen Dingen im Leben auch. Manches geht einem leicht von der Hand, und beim nächsten Thema ächzt man nur so vor sich hin. Erkenne an dieser Stelle deine vermeintlichen Schwächen und gehe sie gezielt an. Wir helfen dir dabei.

5. Feiere dich

Ja, richtig gelesen – feiere dich. Du willst loslegen und stehst in den Startlöchern. Das ist der erste Schritt! Im weiteren Prozess bis zur ersten Geldanlage wird es Höhen und Tiefen geben. Nimm jede Höhe mit, und sei stolz auf dich und das, was du geschafft hast!

Teile deinen Fortschritt in der *finanz-heldinnen*-Community, indem du Fotos und Statusberichte auf Instagram hochlädst.
Markiere **@finanzheldinnen** oder nutze den Hashtag **#finanzheldinnenplaner**.

Alle Downloads findest du unter:

finanz-heldinnen.de / planer

 Dir werden im Planer eine Reihe an Begriffen begegnen, die neu für dich sind. Diese erklären wir an den entsprechenden Stellen, haben sie aber auch im Börsen-Wiki (➜ Seite 164 ff.) für dich gesammelt.

Disclaimer für die Nutzung des Finanzplaners

Wertpapiere, ETF-Indexfonds und Investmentfonds unterliegen Kursschwankungen; damit sind Kursverluste möglich. Bei Wertpapieren, die nicht in Euro notieren, sind zudem Währungsverluste möglich. Die frühere Wertentwicklung ist kein verlässlicher Indikator für die zukünftige Wertentwicklung. Die Auswahl der Wertpapiere und sonstigen Finanzinstrumente dient ausschließlich Informationszwecken und stellt kein Angebot, keine Aufforderung oder Empfehlung zum Kauf oder Verkauf von Finanzinstrumenten dar. Sie soll lediglich deine selbstständige Anlageentscheidung erleichtern und ersetzt keine anleger- und anlagegerechte Beratung.

Allein verbindliche Grundlage des Kaufs bei Fonds sind die derzeit gültigen Verkaufsunterlagen des Fonds (»Wesentliche Anlegerinformationen«, Verkaufsprospekt sowie Jahres- und Halbjahresberichte, soweit veröffentlicht). Diese Unterlagen erhältst du auf der Fonds-Detailseite direkt beim Emittenten oder unter comdirect.de. Die hier dargestellten Informationen und Wertungen genügen nicht den gesetzlichen Anforderungen zur Gewährleistung der Unvoreingenommenheit einer Anlageempfehlung oder Anlagestrategieempfehlung. Darüber hinaus unterliegen die dargestellten Wertpapiere und sonstigen Finanzinstrumente keinem Verbot des Handels vor der Veröffentlichung von Anlage- oder Anlagestrategieempfehlungen.

DEIN FINANZ-HELDINNEN-PLANER

Dieser Planer ist Informationsquelle und Leitfaden für deinen Weg zur Finanzheldin. Nutze ihn auch, um persönliche Ziele festzuhalten. Dafür findest du immer wieder freie Schreibflächen für deine Notizen. So kannst du für den Moment deine Vorhaben und Erkenntnisse besser überblicken, aber auch nach einer Weile überprüfen. Ein bisschen wie in einem Tagebuch.

Überlege dir vor jedem Schritt, wie lange du dafür benötigen wirst. Nicht jeder Schritt ist für einen Tag konzipiert. Du wirst sehen, an einem Tag kommst du mehrere Schritte weiter, andere Punkte dauern länger oder begleiten dich eine Zeit lang, beispielsweise das Haushaltsbuch.

Wie bei vielen Themen gibt es kein Richtig oder Falsch. Du sollst deinen ganz persönlichen Weg finden. Damit du aber nicht vom Weg abkommst, schaffe dir am besten eine Routine für den Planer, und lege einen Zeitraum fest, in dem du damit fertig sein möchtest. Wir empfehlen dir als Richtwert zwei bis drei Monate, um unter anderem ein Haushaltsbuch zu führen und dir über deine Ziele klar zu werden. Am besten nimmst du dir anfangs wöchentlich eine Stunde, um dich mit deinen Finanzen zu beschäftigen und deine Strategie zu erarbeiten.

Hast du schon einen guten Überblick über deine Finanzen, weißt genau, was reinkommt und rausgeht, und möchtest direkt mit der Wertpapieranlage loslegen? Dann nutze den Moment, um sie erneut auf den Prüfstand zu stellen, und passe gegebenenfalls deine Budgettöpfe an.

ANFANGEN!

Rom wurde nicht an einem Tag erbaut, und auch das Umkrempeln deiner Finanzen erledigst du nicht an einem Tag. Die wichtigste Erkenntnis an diesem Punkt: Du hast dich entschieden loszulegen, und das ist der erste und vielleicht wichtigste Schritt. Nun möchten wir dir an dieser Stelle nichts vormachen und sagen, dass die finanzielle Unabhängigkeit über Nacht kommt. Es reicht auch nicht, nur passiv den Planer zu nutzen oder zu überfliegen. Du musst aktiv werden. Beim Lesen gibt es immer wieder Aufgaben für dich. Keine Sorge, Schritt für Schritt arbeiten wir uns gemeinsam mit dir voran.

Eine wichtige Aufgabe gleich ganz zu Beginn: Notiere hier deine Motivation, die dich antreibt, etwas an deiner finanziellen Situation zu ändern.

HAUSHALTSBUCH ANLEGEN

Die erste Aufgabe und die Basis für alle nächsten Schritte ist, einen Überblick über deine finanzielle Situation zu gewinnen. Starte daher noch heute mit einem Haushaltsbuch, und erfasse alle Einnahmen und Ausgaben. Dabei ist es egal, ob du die Daten auf Papier, in einer App oder einer Excel-Tabelle erfasst – »anfangen und es täglich tun« lautet hier die Devise.

Damit es etwas leichter wird, haben wir zwei Tipps für dich: Zahle wann immer möglich mit deiner EC- oder Kreditkarte – sofern die Karten über eine kontaktlose Zahlfunktion verfügen, geht es sogar noch schneller an der Kasse. So hast du automatisch eine digitale Übersicht über deine Ausgaben. Ansonsten gilt Tipp zwei: Immer den Bon mitnehmen, ist der Betrag auch noch so klein. Gerade die kleinen Einkäufe zwischendurch sind häufig unterschätzte Kostentreiber.

Nimm dir jeden Abend fünf Minuten Zeit, und notiere alle Ausgaben des Tages in deiner Liste. Nach ein paar Wochen bekommst du ein gutes Gefühl dafür, wohin dein Geld fließt und an welchen Stellen die Ausgaben zu hoch oder gar unnötig sind.

Um dir den Start zu vereinfachen, findest du auf der übernächsten Seite eine einfache Vorlage, wie du dein Haushaltsbuch gestalten kannst. »Better done, than perfect« ist hier die Devise. Bevorzugst du jedoch eine digitale Variante, kannst du diese Liste digital übertragen. Unter finanz-heldinnen.de / planer findest du eine Excel-Vorlage zum Download. Alternativ gibt es auch eine Reihe an Apps, mit denen das Führen eines Haushaltsbuches schnell erledigt ist.

Checkliste Haushaltsbuch

So oder so sind wir überzeugt, dass das Führen eines Haushaltsbuches von Zeit zu Zeit mehr als sinnvoll ist. Falls du noch zweifelst, mache den kurzen Test:

Du hast schon einmal ein Haushaltsbuch geführt und das ist auch noch nicht lange her.

☐ Ja   ☐ Nein

Du weißt genau, wie viel Geld du für Lebensmittel im Monat ausgibst.

☐ Ja   ☐ Nein

Du kennst deine regelmäßigen und unregelmäßigen Ausgaben genau.

☐ Ja   ☐ Nein

Hast du zwei Fragen mit »Nein« beantwortet, solltest du direkt mit deinem Haushaltsbuch loslegen. Hast du bereits eine sehr gute Übersicht über deine aktuellen Ausgaben und Einnahmen kannst du dieses Thema überspringen.

HAUSHALTSBUCH

WAS?	MONTAG	DIENSTAG	MITTWOCH
Lebensmittel (Essen, Getränke)			
Außer-Haus-Verpflegung			
Kosmetik / Frisör etc.			
Haushalt (Putzmittel, Renovierung, etc.)			
Haushaltsausstattung (Möbel, Blumen, elektronische Geräte, …)			
Transportmittel (Benzin, Fahrkarte, Taxi, Auto- / Fahrradreparatur, …)			
Bekleidung			
Haustiere			
Medizinische Versorgung			
Hobby / Freizeit (Sportverein, Zeitschriften, Kino, Konzert, …)			
Sonstiges			
SUMME / TAG			

Ab heute wird dein Haushaltsbuch dein wichtigster Begleiter. Hier erhältst du eine mögliche Vorlage dazu:

DONNERSTAG	FREITAG	SAMSTAG	SONNTAG	SUMME / KATEGORIE

NOTGROSCHEN ANSPAREN

Du hast deinen Notgroschen schon angespart?
Sehr gut!
Dann kannst du direkt zum nächsten Schritt (➜ Seite 20) gehen.

Ein Notgroschen ist dein Polster für unvorhersehbare Ereignisse. Damit ist kein spontaner Urlaub oder das neue Kleid gemeint. Wie der Name schon sagt, soll er finanzielle Notsituationen abdecken. Das kann eine unvorhergesehene Autoreparatur sein oder im schlimmsten Fall der Jobverlust. In diesen Fällen solltest du auf einen gesonderten Finanztopf zugreifen können. Je nach deinem persönlichen Sicherheitsbedürfnis solltest du drei bis sechs Netto-Monatsgehälter beiseitelegen oder so viel, dass du drei bis sechs Monate ohne Einkommen auskommen kannst.

Der Notgroschen liegt in der Regel auf dem Tagesgeldkonto. Weit genug weg, damit man ihn nicht anfasst. Nah genug dran, um in Notfällen direkt darüber zu verfügen. Dieser Notgroschen ist der erste Schritt auf dem Weg in die finanzielle Unabhängigkeit.

> Dein Notgroschen sollte mindestens drei Netto-Monatsgehälter umfassen bzw. deine Ausgaben für drei Monate decken und auf dem Tagesgeldkonto geparkt werden.

Du hast noch keinen Notgroschen aufgebaut?

Dann beginne hier direkt mit einem To-do, bevor du mit dem Investieren startest: Spare jeden Monat einen Betrag auf deinem Tagesgeldkonto. Tipp: Lege dir dafür einen Dauerauftrag an. So kannst du es nicht vergessen.
Du hast einen Bonus erhalten oder zum Geburtstag Geld geschenkt bekommen? Dann lege das Geld zur Seite. Du wirst sehen: Die Belohnung für dich fühlt sich noch besser an. Und sollte eine Notsituation eintreten, kannst du ihr finanziell gesehen entspannter entgegenblicken.

Besitzt du noch kein Tagesgeldkonto, ist nun der Moment, um eines zu eröffnen. Erkundige dich bei deiner Bank danach. In den meisten Fällen ist dies sogar kostenlos.

Notiere dir hier die Höhe des Notgroschens, den du insgesamt ansparen möchtest:

Und hier den Zeitpunkt, zu dem die Summe angespart sein soll:

Deine monatliche Sparrate für den Notgroschen beträgt ab nun:

CHALLENGES

Wir haben dir ein paar Aufgaben zusammengetragen, die du in deinem Alltag ausprobieren kannst. Suche dir die Challenges raus, die am besten zu dir passen, und erledige sie nacheinander.

Vier Wochen ohne …

Dein Haushaltsbuch ist die nackte Wahrheit. Aber wir wollten ja von Beginn an ehrlich miteinander sein. Daher nimm dir den aktuellen Stand deines Buches einmal vor, und markiere die Dinge, auf die du am ehesten glaubst, verzichten zu können. Das kann das morgendliche Brötchen vom Bäcker sein, die Taxifahrt am Abend, die fünfte Blumendeko oder aber auch die sechste Tagescreme oder andere Kosmetika, die eigentlich noch vorhanden sind.

Starte mit einer Sache oder einem von dir gesetzten Zeitraum X. Es bringt nichts, den Rotstift an diversen Punkten anzusetzen und sich direkt von Beginn an zu stark einzuschränken. Wer das schafft – super. Für alle anderen gilt: Du hast noch ein paar Schritte vor dir auf dem Weg zur Finanzheldin. Genug Zeit also, nach und nach immer noch etwas einzusparen.

Hierauf verzichtest du bewusst für vier Wochen:

Diese Summe sparst du dadurch ein:

20

Dein Erfolg soll belohnt werden. Bis zu 25 Prozent der eingesparten Summe kannst du in eine Belohnung investieren. Den Rest überweist du auf dein Tagesgeldkonto, um deinen Notgroschen aufzustocken, oder du investierst es in Wertpapiere.

Deine Belohnung:

_____

Diese Felder füllst du nach vier Wochen aus:

Hast du die Challenge geschafft?

☐ Ja   ☐ Nein

Wenn nein: Woran lag es und was müsstest Du beim nächsten Mal anders machen, damit es klappt?

_____

_____

Einkaufswagen packen

Stelle dir online in einem deiner liebsten Shops einen Warenkorb zusammen. Überlege nun, was du wirklich gern haben möchtest, und notiere hier die Höhe des Warenkorbs: _____
Mache einen Screenshot, und lege dir diesen ab.

Nun verzichte genau auf diesen Kauf, und lege die Summe auf dein Tagesgeldkonto. Nach vier Wochen schaust du dir den Screenshot an und bewertest noch einmal neu, ob du die Sachen wirklich noch haben möchtest. Ist das nicht der Fall, gibt es nun zwei Möglichkeiten: Ist dein Notgroschen bereits aufgefüllt, kann diese Summe investiert werden. Andernfalls wandert das Geld zum Notgroschen hinzu.

Wie hast du dich entschieden, und wie hat sich das für dich angefühlt?

_____

_____

_____

_____

Dein letzter Fehlkauf

Auf der nächsten Seite ist Platz für die Quittung deines letzten Fehlkaufs. Reflektiere noch einmal, in welcher Situation und Emotion du ihn getätigt hast und was du beim nächsten Mal anders machen würdest. Hast du den Beleg nicht mehr haptisch, beschreibe deinen Kauf, und notiere die Summe, die du dafür ausgegeben hast.

_____

_____

_____

_____

_____

_____

_____

_____

Was hättest du im Nachhinein lieber mit dem Geld gemacht?

Was machst du mit …

Fördere dein Vorstellungsvermögen für unterschiedliche Summen und Relationen von Geld. Notiere dir dafür, was du nach heutigem Stand mit den unterschiedlichen Geldsummen machen würdest. Reflektiere nach etwa sechs Monaten, ob du die Summen noch genauso einsetzen würdest.

… 100 €?

… 500 €?

… 1.000 €?

Notiere hier eine Summe, von der du schon immer mal geträumt hast, sie ausgeben zu können:

_____ €

Wofür würdest du sie ausgeben wollen?

Drei Motivations-Tipps

Money-Song

Lege einen Song fest, den du dir anhörst, wenn du mal wieder gar keine Lust auf das Thema Geld und Finanzen hast. Besser noch: Lege direkt eine ganze Playlist an. Während du sie hörst, erledigst du dann die wichtigsten Aufgaben.

Welchen Money-Song hast du dir ausgesucht?

Auf Spotify haben wir für dich eine *finanz-heldinnen*-Playlist angelegt! Unter »*finanz-heldinnen* Money-Songs« findest du rund zwei Stunden Motivation pur. Genügend Zeit, um mit den nächsten Aufgaben durchzustarten!

Bildschirmhintergrund

Du hast einen konkreten Traum? Ein klares Ziel? Wenn ja, dann suche dazu ein passendes Motiv, und stelle es als Hintergrundbild auf deinem PC oder Handy ein. Es erinnert dich jedes Mal beim Öffnen daran. Hast du noch kein konkretes Ziel, für welches du sparen möchtest? Dann überlege dir eines, nachdem du deine Ziele im nächsten Abschnitt festgelegt hast.

Portemonnaie aufräumen

Hast du auch etliche Treuekarten, alte Quittungen und Krimskrams in deiner Geldbörse? Dann ist nun ein guter Moment, um auszumisten. Du wirst feststellen, dass es sich gleich besser anfühlt, auch dort wieder sortiert zu sein.

Notiere hier deinen besten Fund aus deinem Portemonnaie:

Kontrolliere beim Ausmisten auch gleich, ob du mit deinen Karten bereits kontaktlos zahlen kannst, und aktiviere mobile Bezahlsysteme für dein Mobiltelefon. Dann kannst du auf diese Karten beim nächsten Einkauf schon verzichten, da du per Handy bezahlen kannst.

WELCHE ZIELE HAST DU?

Dieser Planer enthält einen wunderbaren Nebeneffekt für dich: Du wirst dir im Lauf der Zeit über viele Dinge in deinem Leben klarer werden. Denn das Thema Finanzen betrifft viele Bereiche deines Lebens.

Wir gehen gleich deine Ziele mit dem Stand von heute durch. Ändert sich deine Lebenssituation, können sich auch die Ziele verändern. Die Welt zu bereisen wird vielleicht vom Wunsch nach einem Eigenheim abgelöst, wenn der richtige Partner oder die richtige Partnerin gefunden ist. Prüfe an solchen Stationen deines Lebens auch immer deine Finanzplanung. Denn sie bildet die Basis für deine weiteren Schritte und gibt Aufschluss, ob du an deiner Geldanlageform etwas ändern musst. Wir empfehlen daher, jährlich einen Blick auf deine finanziellen Ziele zu werfen.

Die SMART-Methode

Nutze die SMART-Methode für die Definition deiner Ziele. SMART steht für: spezifisch, messbar, attraktiv, realistisch und terminiert.

Spezifisch
Ungenaue Ziele à la »Ich hätte gern mehr Geld« nutzen keinem etwas. Setze dir ein konkretes Ziel. »Ich möchte monatlich 100 Euro mehr sparen« könnte das zum Beispiel sein.

Messbar
Ziele sind dafür da, um erreicht zu werden. Das geht jedoch nur, wenn dein Ziel auch messbar ist. Dadurch, dass du dir konkret etwas vornimmst und es hier aufschreibst, kannst du in ein paar Monaten genau nachverfolgen, ob du es geschafft hast. Bei dem Beispiel oben kannst du somit überprüfen, ob du auch wirklich jeden Monat 100 Euro mehr gespart hast.

Attraktiv

Ein Vorhaben lässt sich immer einfacher erreichen, wenn man es gern tut. Steigere also die Attraktivität, indem du ergänzt, wofür du sparen möchtest. »Ich möchte monatlich 100 Euro mehr sparen, um nach Kanada zu reisen.« Damit kann die Vorfreude auf das Ziel schon losgehen.

Realistisch

Tiefstapeln solltest du bitte nicht bei deinen Zielen, dich gleichzeitig aber auch nicht selbst überschätzen und dir unerreichbare Ziele setzen. Musst du beispielsweise aktuell jeden Monat deinen Dispo vom Konto nutzen, sind 100 Euro als Sparziel unter Umständen etwas unrealistisch, und die Kanadareise befindet sich in weiter Zukunft. Nimm dir dann lieber erst einmal vor, den Dispo nicht mehr zu nutzen.

Terminiert

Ein sehr wichtiger Punkt, denn ohne Termin keine Reflexion. Definiere also bei jedem Ziel auch einen Zeitrahmen, in dem du es erreichen möchtest oder wie lange das Vorhaben durchgehalten werden soll. »Ich möchte monatlich 100 Euro mehr sparen, um in zwei Jahren nach Kanada zu reisen.« Ist dieser Zeitpunkt erreicht, nimm dir die Zeit für einen Rückblick. Trage dir zum Beispiel direkt zu Beginn dein Ziel in den Kalender ein, um den Zeitpunkt nicht aus den Augen zu verlieren.

Nutze im nächsten Schritt die SMART-Methode beim Festlegen der nachfolgenden Ziele. Aber auch bei weiteren Themen kann sie sehr nützlich sein, damit du auch wirklich konkret wirst.

Nur wer sein Ziel kennt, findet den Weg.

LAOTSE

Deine Ziele

Ziele in ein bis fünf Jahren

Es gibt so viele schöne Dinge, die man tun kann und möchte. Welche Dinge sind das für dich, und welche davon möchtest du innerhalb der nächsten Jahre umsetzen?

> In dieser Übung geht es ganz grundsätzlich um deine Ziele und noch gar nicht, wie und ob du das Geld dafür investierst. Erst in einem weiteren Schritt beleuchten wir, wie du dich finanziell für dein Ziel aufstellen kannst.

Notiere dir deine Vorhaben und Ziele, was sie kosten und möglichst einen Zeitpunkt, wann du sie realisieren möchtest.

ZIELE IN EIN BIS FÜNF JAHREN	KOSTEN	ZEIT-PUNKT
	€	
	€	
	€	
	€	
SUMME:	€	

Ziele in sechs bis zehn Jahren

Was du relativ kurzfristig umsetzen möchtest, ist nun geklärt. Doch wie sieht es in sechs bis zehn Jahren aus? Möchtest du dann deine Wohnsituation ändern, dir eine Auszeit nehmen oder einen anderen Traum in die Tat umsetzen?

ZIELE IN SECHS BIS ZEHN JAHREN	KOSTEN	ZEIT-PUNKT
	€	
	€	
	€	
	€	
SUMME:	€	

Das Ziel bestimmt die Strategie.

#FINANZHELDINNEN

Ziele in zehn Jahren oder später

Langsam wird es schwieriger, denn weit in die Zukunft zu blicken ist mit einer großen Portion Ungewissheit verbunden. Bestimmt findest du trotzdem ein paar Themen, die auch in 15 Jahren und darüber hinaus noch auf deiner Lebensagenda stehen.

ZIELE IN ZEHN JAHREN ODER SPÄTER	KOSTEN	ZEIT-PUNKT
	€	
	€	
	€	
	€	
SUMME:	€	

Nun kannst du die Kosten zusammenrechnen und schauen, wie viel Geld du monatlich beiseitelegen müsstest, damit es bis zum angegebenen Zeitpunkt klappt. Siehst du schon in der ersten Liste (Ziele in ein bis fünf Jahren), dass es zu viele Punkte sind, dann überlege dir, ob ein Ziel in die nächste Liste (Ziele in sechs bis zehn Jahren) kommen könnte, gestrichen oder neu priorisiert werden muss. Nicht immer geht alles auf einmal.

Daher die Frage: Welches Ziel ist dir von all den eben aufgeschriebenen am wichtigsten?

_____

Wunderbar! Dann gehe dieses Ziel konkret an, und beginne zu planen.

Du hast auf den vorigen Seiten deine Ziele festgelegt. Suche dir nun pro Zeitraum ein Ziel aus, und schreibe auf, wie und wann du es angehen möchtest. Fange mit dem für dich wichtigsten Ziel an, und lege konkrete Summen fest, die du für die Ziele sparen willst.

Ordne in dieser Übersicht deine Hauptziele zu:

Ein bis fünf Jahre
Für mein Ziel _____

lege ich ab _____ (Angabe Zeitpunkt) jeden Monat _____ Euro

beiseite, um es zum _____ (Angabe Zeitpunkt) zu erreichen.

Für diese Ziele lege dein Geld auf einem Tagesgeldkonto zur Seite.

Sechs bis zehn Jahre
Für mein Ziel _____

lege ich ab _____ (Angabe Zeitpunkt) jeden Monat _____ Euro

beiseite, um es zum _____ (Angabe Zeitpunkt) zu erreichen.

Lege einen Sparplan an und/oder investiere in Wertpapiere. Wie das geht, zeigen wir dir später.

Zehn Jahre und später
Für mein Ziel _____

lege ich ab _____ (Angabe Zeitpunkt) jeden Monat _____ Euro

beiseite, um es zum _____ (Angabe Zeitpunkt) zu erreichen.

Lege einen Sparplan an und/oder investiere in Wertpapiere.

Möchtest du einen **Wertpapiersparplan** (→ Seite 117 ff.) anlegen, ermittle auch eine realistische Sparrate, die du über einen längeren Zeitraum monatlich aufbringen kannst.

Die folgende Rechnung kann dir zusätzlich helfen, eine realistische Sparrate aufzustellen. Was du damit anstellst, klären wir im Kapitel »Budgets aufstellen« (→ Seite 40 ff.).

Monatliches Nettoeinkommen:	€
+ zusätzliche Kapitaleinkünfte (z. B. Zinserträge, Mieteinnahmen etc.):	€
SUMME	€
- regelmäßige Fixkosten (Miete, Versicherungen, Kredittilgung, etc.):	€
- Rücklage für den Notgroschen:	€
- andere Rücklagen (Urlaub, Weiterbildung, Renovierung, etc.):	€
MEINE MÖGLICHE SPARRATE:	€

Auch Kleinvieh macht Mist. Vermeintlich kleine Sparraten können über die Jahre zu einer stattlichen Summe heranwachsen.

KASSENSTURZ

Nicht nur die Euros in deinen Hosentaschen, in der Kleingeld-Spardose und das Geld auf dem Konto sind beim Kassensturz gemeint. Verschaffe dir einen kompletten Überblick, wo du überall Vermögen hast. Prüfe die Stände, und trage sie hier ein:

Tagesgeldkonto	€
Sparbuch (Prüfe, ob die Eltern oder Großeltern noch eines für dich besitzen.)	€
Sparkonten der Familie (oder z. B. Paten)	€
Riester-Rente oder andere (z. B. Lebensversicherung, Bausparvertrag)	€
Immobilien	€
	€
	€
	€
GESAMTSUMME	€

Ordnung für deine Finanzen

Egal ob digital oder analog: Eine gut strukturierte Mappe – oder mehrere – bringt Ordnung in deine Finanzen. Zudem erleichtert dir eine gute Ablage die Arbeit bei der Steuererklärung. Die Ausrede, dass du erst einmal alle Papiere zusammensuchen musst, brauchst du dann nicht mehr. Richte dir gegebenenfalls auch einen festen Termin für die Ablage ein. Dann gibt es keine Ausreden mehr.

SCHULDEN – WANN TILGEN?

Auf der Suche nach Geld werden dir unter Umständen auch Schulden begegnen. Ein Kleinkredit beispielsweise, der seit geraumer Zeit einfach so mitläuft und gar nicht so recht in der monatlichen Übersicht auffällt.

Auch hier bist du gefragt: Liste alle aktuellen Kredite auf, und finde die Laufzeiten und Konditionen (Höhe der Zinsen) heraus. Wann kannst du Sondertilgungen einbringen und zu welchen Konditionen? Unter welchen Umständen kannst du den Vertrag ablösen, zurückzahlen und kündigen?

Kredit 1:

Art: _____

Laufzeit: _____

Kosten / Bedingungen Kündigung: _____

Kredit 2:

Art: _____

Laufzeit: _____

Kosten / Bedingungen Kündigung: _____

Kredit 3:
Art:

Laufzeit:

Kosten / Bedingungen Kündigung:

 Manchmal muss es gar kein Kredit sein – nutze Sharing-Angebote. Nicht nur Autos können geteilt werden. Über unterschiedliche Plattformen erhältst du Zugriff auf diverse Dinge. Das nächste Abendkleid für eine Veranstaltung leihen, Technik und Werkzeuge mieten – alles möglich. Schau dir auch an, was dein Stadtbezirk dazu anbietet. Im digitalen Zeitalter ist es einfacher denn je, dass neue Gruppen entstehen, in denen man sich austauschen und gegenseitig unterstützen kann.

EINKÜNFTE STEIGERN

Tipp 1: Verhandle dein Gehalt

Über Geld zu sprechen, und dann auch noch mit der Chefin oder dem Chef, empfinden viele als unangenehm und vermeiden solche Situationen. Dabei ist Geldverhandeln wie eine Verhandlung um ein Projekt. Eine gute Vorbereitung ist hier die halbe Miete. In diesem Schritt geht es darum zu verstehen, dass Sparen zwar eine tolle Sache ist, du aber auch die Potenziale auf der Einkommensseite nutzen solltest. Denn je mehr reinkommt, desto mehr kannst du potenziell auch Sparen.

 Auch in unserem *finanz-heldinnen*-Podcast »Schwungmasse« geben wir immer mal wieder Tipps zum Thema. Hör doch mal rein!

Bereite dein Gespräch vor:

- ☐ Notiere dir alles, was du im vergangenen Jahr geleistet hast (und gegebenenfalls auch davor).
- ☐ Schaue dir die Unternehmensziele an, und ordne diese deinen Punkten zu. Mache klar, wo du deinen Beitrag geleistet hast.
- ☐ Schaue dir deine Stellenbeschreibung an. Wo hast du mehr geleistet als vereinbart?
- ☐ Übe das Gespräch immer und immer wieder laut vor dem Spiegel oder mit Unterstützung.
- ☐ Notiere dir vorher mögliche Gegenargumente, die von deinem Chef oder deiner Chefin kommen könnten, und entwerfe Antworten. So kannst du schlagfertiger sein.

Go for it!

Tipp 2: Schaffe Nebeneinkünfte

Mehr als drei Millionen Menschen in Deutschland haben laut dem »Handelsblatt« zwei Jobs oder mehr. Für die meisten ist es zwingend notwendig, für andere die Erfüllung von Aufgaben, denen sie lieber nachgehen. Ein Nebenjob kann vieles sein. Wichtig vorab: Sprich mit deinem aktuellen Arbeitgeber, was geht und was nicht. Sei offen und ehrlich, alles andere kann sich negativ auf das Arbeitsverhältnis auswirken und ist in den meisten Fällen auch vertraglich untersagt.

Werde dir vorab darüber klar, wofür du deinen Nebenjob machst. Ist es nur des Geldes wegen? Dann suche dir eine Stelle, die den Nutzen bestmöglich und einfach erfüllt. Möchtest du etwas machen, das dich weiterbringt und dir neue Kenntnisse vermittelt? Dann schaue genauer hin, und wäge gut ab, was das Passende für dich ist. Ein schöner Nebeneffekt kann bei dieser Variante sein, dass du etwas Neues ohne großes Risiko ausprobieren kannst. Du wirst aber auch für deinen aktuellen Arbeitgeber »wertvoller«, da du neue Erkenntnisse einbringst oder persönlich an dir sowie den neuen Aufgaben wächst.

Tipp 3: Nutze Flohmarkt und Co.

Flohmärkte sind eine großartige Sache! In deiner Situation jedoch vorerst nur zum Verkaufen und nicht zum Kaufen. Schaue bei dir zu Hause, was du seit Langem nicht mehr benötigt oder benutzt hast, und gib es frei für den Verkauf. Den positiven Nebeneffekt, sich von altem Ballast zu befreien, gibt es gratis dazu. Man muss auch nicht mehr zwingend auf den Flohmarkt. Für wen das nichts ist, der kann alte Bücher, DVDs und Weiteres über Verkaufsportale online loswerden.

Es gibt also Wege, einen Taler nebenher zu verdienen. Schaue dir an, welche Möglichkeiten du hast. Der Erlös könnte dann wunderbar als Einmal-Betrag in dein Depot fließen oder helfen, den Notgroschen aufzubessern.

Finanz-heldinnen starten statt zu warten.

#FINANZHELDINNEN

Notiere hier deine Einkünfte aus Verkäufen:

DATUM	VERKAUF VON ...	ERLÖS
		€
		€
		€
		€
		€
		€
		€
		€
	SUMME:	€

Tipp 4: Verträge verhandeln und kündigen

Sich jedes Jahr einen Überblick über laufende Verträge zu machen, lohnt sich. Warum? Lebenssituationen und Interessen ändern sich. Vielleicht blättert man nur noch oberflächlich in das Zeitungs-Abo, oder eine Mitgliedschaft für ein Hobby wird doch eher selten genutzt. Zudem bieten Versicherungen und Anbieter von Multimedia-Angeboten häufig Sonderaktionen. Eine Kündigung kann also zu niedrigeren Beiträgen führen. Oftmals reicht es aus, einfach mal nach besseren Konditionen zu fragen. Der eingesparte Betrag landet direkt in deinem Spartopf. Grandios!

Notiere hier deine Ersparnisse:

VERTRAG ÜBER ...	BISHERIGE KOSTEN	ZUKÜNFTIGE KOSTEN	ERSPARNIS
			€
			€
			€
			€
			€
			€
			€
			€
			€
			€
			€
			€
		SUMME:	€

 Trage dir direkt in den Kalender ein, oder setze dir eine digitale Erinnerung im Handy, wann du erneut deine Verträge checkst. So kannst du es nicht vergessen und schaffst dir direkt eine Routine.

BUDGETS AUFSTELLEN

Du hast dir in den vorigen Schritten einen Überblick über deine finanzielle Situation verschafft. Jetzt geht's ans Eingemachte: Wie viel Geld kannst du wofür ausgeben? Das Zauberwort lautet: »Budgettöpfe«.

 In unserer Podcast-Ausgabe #9 erklärt Finanzheldin Kathrin, wie sie ihr Geld verteilt. Vielleicht gibt dir das zusätzliche Motivation.

Die großen Kostenblöcke wie Miete oder Kreditraten sowie Nebenkosten für Wasser, Strom, Hausgeld bei Eigentumswohnungen etc. sind recht einfach zusammenzufassen. Sie sind immer zur selben Zeit und in mehr oder weniger gleichbleibender Höhe fällig, und du kannst sie kaum bis gar nicht beeinflussen. Anfallende Kosten für Versicherungen, das Mobiltelefon, TV und den Rundfunkbeitrag meistens auch noch. Kniffliger wird es bei Punkten wie Kleidung, Zeitschriften und Bücher, Kosmetik etc. Diese Posten sind sehr individuell und können sich von Monat zu Monat stark verändern. Oft laufen sie nebenher, und dir ist gar nicht bewusst, wie viel du in Summe für »Sonstiges« ausgibst. Jetzt zahlt es sich aus, wenn du regelmäßig dein Haushaltsbuch geführt und schon Einsparpotenziale generiert hast. Denn dadurch lassen sich die unbewussten Budgettreiber leicht erkennen.

Wenn deine Budgettöpfe stehen, kannst du sie mit Geld füllen. Lege dafür eine Aufstellung an, wie viel Geld du künftig wofür ausgeben möchtest, und berücksichtige dabei die Erkenntnisse aus deinen bisherigen Aufzeichnungen im Haushaltsbuch.

Teile dir das Geld zu Monatsbeginn entsprechend zu. Nutze deine Tages-
geldkonten, ein weiteres Girokonto oder ein Extra-Portemonnaie für die
Außer-Haus-Verpflegung. Dann merkst du schneller, wenn es knapp wird.
Überprüfe nach drei Monaten, ob die Budgettöpfe für deinen Alltag passen, und ordne sie gegebenenfalls neu zu. Sollte sich deine finanzielle Situation verändern, gilt das ebenso.

AUSGABEN FÜR ...	MONATLICHER BETRAG
Lebensmittel (Essen, Getränke)	€
Außer-Haus-Verpflegung	€
Haushalt (Putzmittel, Renovierung etc.)	€
Haushaltsausstattung (Möbel, Blumen, elektronische Geräte etc.)	€
Bekleidung	€
Kosmetik, Frisör etc.	€
Medizinische Versorgung	€
Hobby / Freizeit (Sport, Zeitschriften, Kino, Konzert etc.)	€
Sparen	€
	€
SUMME:	€

Sparrate aufs Tagesgeldkonto

Was weg ist, ist weg. Betrachte deine Sparrate als Fixkosten, und nimm sie dir direkt weg. Das heißt konkret: Lege dir einen Dauerauftrag für deine Sparsumme an, die direkt bei Gehaltseingang auf das Tagesgeldkonto geht. Wird es dennoch mal knapp, ist das Geld nur eine Überweisung am Mobiltelefon entfernt.

Geschenke

Geburtstage, Weihnachten und diverse weitere Feiertage kommen jährlich wieder. Ganz verlässlich. Überlege dir im Rahmen deiner Budgetplanung, wie viel Geld du für deine Liebsten ausgeben möchtest. Setze dir auch hier ein Budget, und plane es ein.
Vielleicht ist es auch sinnvoll, den Moment zu nutzen und mit der Familie zu besprechen, wie man es generell mit dem Schenken handhabt. Probiert doch nächstes Weihnachten eine Verlosung aus oder jede*r bringt etwas Selbstgemachtes mit – inklusive Anleitung oder Rezept. Natürlich soll das Schöne am Schenken nicht verloren gehen, jedoch ist es nicht die Summe, die hinter einem Geschenk steht, die das Lächeln in die Gesichter zaubert, sondern die Geste.

DIE MACHT DER EMOTIONEN UND MONEY MINDSET

Finanzen sind ein emotionales Thema. Das zeigen dir auch schon die Punkte, die du auf den Seiten vorher festgehalten hast. Ein ganzer Wissenschaftszweig befasst sich damit, wie das Unterbewusstsein die rationalen Anlageentscheidungen durcheinanderbringen kann, auch »Behavioral Finance« genannt. Wir steigen nun gleich etwas tiefer in das Thema ein und stellen dir die wichtigsten Erkenntnisse vor, um unser »Money Mindset« noch besser kennenzulernen.

»Frauen sind emotional, Männer rational« – diese strikte Kategorisierung hält sich hartnäckig. Weil das Bauchgefühl in Finanzfragen ein denkbar schlechter Ratgeber ist, haben viele Frauen diesen Glaubenssatz so fest verinnerlicht, dass sie lieber die Finger von allen Geldangelegenheiten lassen, als vielleicht eine falsche Entscheidung zu treffen. Die gute Nachricht: Diese Behauptung ist falsch. Wissenschaftliche Studien und jede Menge Erfahrungswerte belegen nicht nur, dass Frauen durchaus in der Lage sind, selbstbewusste Entscheidungen zu fällen. Insbesondere in Stresssituationen, wenn es an der Börse beispielsweise rauf- und runtergeht, handeln sie überlegter als Männer. Die schlechte Nachricht: Weder Frau noch Mann sind frei von emotionalen Einflüssen – im Gegenteil. Vielleicht hast du dich auch schon einmal bei einem der folgenden Verhaltensmuster ertappt.

Unterschiedliche Bewertung von Gewinnen und Verlusten

Gewinne werden oft viel zu schnell realisiert und Verluste ausgesessen. Der Grund: Während sich Person A über einen anfänglichen Kursanstieg sehr freut, wird jeder weitere Anstieg ein bisschen weniger Glücksgefühl auslösen, weil sich das Gehirn an den neuen, höheren Wert gewöhnt und diesen mental schon verbraucht hat. Bei Verlusten sieht die Situation genau umgekehrt aus. Ein Kursverfall schmerzt nur zu Beginn. Jeder weitere Verfall spielt keine große Rolle mehr.

Selektive Wahrnehmung

Hat man sich für eine Aktie (→ Seite 164) entschieden, wird man anschließend verstärkt die Informationen suchen, die diese Entscheidung bestätigen, und andere ignorieren. Auch hier gibt es einen Unterschied, ob sich das Depot momentan im Plus befindet oder Verluste einfährt. In der Verlustzone werden negative Informationen ausgeblendet. So führt die selektive Wahrnehmung an den Aktienmärkten zu Überbewertungen. Das heißt, eine Aktie *erscheint* zu teuer. Ist das Depot in der Gewinnzone, führen negative Informationen tendenziell dazu, dass Anleger*innen sofort handeln, also die Aktie verkaufen, um den Gewinn zu realisieren.

Wir wählen, was wir kennen

Hormone locken uns oft auf die falsche Fährte. Studien haben beispielsweise gezeigt, dass sich der Mensch, weil sein Gehirn ihn für das Wiedererkennen von Bekanntem belohnt, eher für die Option entscheidet, die ihm vertrauter ist, auch wenn diese rational betrachtet schlechter abschneidet. Bei Finanzentscheidungen führt das häufig zum sogenannten *Home Bias*. Klingt kompliziert, ist aber ganz einfach: Anleger*innen investieren lieber in bekannte Unternehmen auf dem Heimatmarkt als in fremde Firmen auf einem anderen Kontinent. Doch ein starker Home Bias wirkt sich negativ auf das Rendite-Risiko-Profil deines Depots aus. Hier geht es um das Verhältnis des erwarteten Kapitalgewinns zum Risiko der Geldanlage. Hierzu später noch mehr.

So kannst du Emotionen erkennen und kontrollieren

Gegen die Macht der Emotionen hilft am besten ein guter Plan. Mache dir bewusst, dass dein Engagement an der Börse auch schiefgehen kann und notiere möglichst im Vorhinein alternative Strategien für den Fall, dass die Dinge nicht so laufen wie erhofft. Tritt unerwartet eine neue Situation auf, nutze sie bewusst und bewerte neu. Gegebenenfalls in kürzeren Abständen.

Wie steht es um dein Money Mindset?

Die Einstellung zu Geld ist wichtig für die nächsten Schritte. Deshalb werfen wir nun einen Blick auf dein persönliches Money Mindset. Es beschreibt, wie du im Hinblick auf Geld denkst und fühlst. Mit einer Einstellung à la »finanzieller Erfolg ist mir unangenehm« kommst du nicht weit. Auch nicht mit der Einstellung, dass man doch im Vergleich zu anderen gut dasteht. Wir vergleichen hier nicht. Du stehst im Mittelpunkt und es geht allein um deine Zukunft.

Beantworte die folgenden Fragen mit »Stimmt« oder »Stimmt nicht«:

	STIMMT NICHT	STIMMT
Geld ist nur dafür da, um für sich zu sorgen.	☐	☐
Eine private Weiterbildung sind nur Ausgaben / Kosten.	☐	☐
Zu viel Geld auf dem Konto belastet mich.	☐	☐
Viel Geld kann man nur verdienen, wenn man andere über den Tisch zieht.	☐	☐
Viel Geld zu verdienen ist egoistisch.	☐	☐

Hast du zwei oder mehr Aussagen mit »Stimmt« beantwortet, solltest du dir zuerst über deine Einstellung zu Geld klar werden. Warum glaubst du, dass dich zum Beispiel Geld belastet oder es egoistisch ist, viel Geld zu haben?

Nun überlege dir, was dein Leben mit einem guten finanziellen Polster einfacher oder schöner machen könnte. Ist es vielleicht, dass du deine Arbeitszeit reduzieren oder ab und zu einen Wellnesstag zur Erholung vom Alltag einlegen könntest? Versuche, einen Anreiz zum Sparen zu finden.

Schreibe dir eine Woche lang jeden Tag drei Dinge auf, für die du dankbar bist. Das können ganz einfache Sachen sein – ein leckeres Frühstück etwa, ein warmes Zuhause oder eine nette Geste.

Montag

1. _____

2. _____

3. _____

Dienstag

1. _____

2. _____

3. _____

Mittwoch

1. _____

2. _____

3. _____

Donnerstag

1. _____

2. _____

3. _____

Freitag

1. _____

2. _____

3. _____

Samstag

1. _____

2. _____

3. _____

Sonntag

1. _____

2. _____

3. _____

Mein Highlight der Woche:

_____

_____

_____

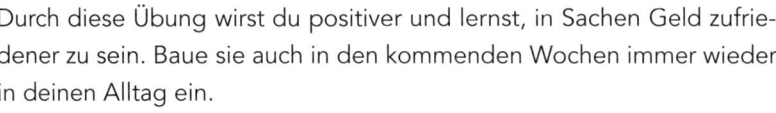

Durch diese Übung wirst du positiver und lernst, in Sachen Geld zufrie-
dener zu sein. Baue sie auch in den kommenden Wochen immer wieder
in deinen Alltag ein.

→ ZIEHE EINE ZWISCHENBILANZ ←

Notiere dir, wie du durch den ersten Teil des Buches gekommen bist.
Was hast du bisher gelernt? In welche Themen willst du noch tiefer einsteigen?

GRUNDLAGEN DER GELDANLAGE

In diesem Kapitel steht der Wissensaufbau im Fokus. Denn wir sind der Überzeugung, dass Wissen ein Schlüssel für den Weg in die finanzielle Unabhängigkeit ist. Wir haben dir die ersten Basics zusammengetragen und werden sie nach und nach vertiefen.

DAS MAGISCHE DREIECK DER GELDANLAGE

Bei der Geldanlage unterscheidet der*die Anleger*in zwischen drei Zielen: Rentabilität, Sicherheit und Liquidität. Letzteres bedeutet, dass das Geld jederzeit verfügbar ist – ohne Verluste versteht sich. Wird dir eine Anlage angeboten, die alle drei Punkte im selben Maße verspricht, kannst du davon ausgehen, dass es sich um eine Finte handelt. Daher spricht man auch vom magischen Dreieck, denn die drei Ziele konkurrieren miteinander bei der Vermögensanlage und man kann sie nicht gleichzeitig maximieren.

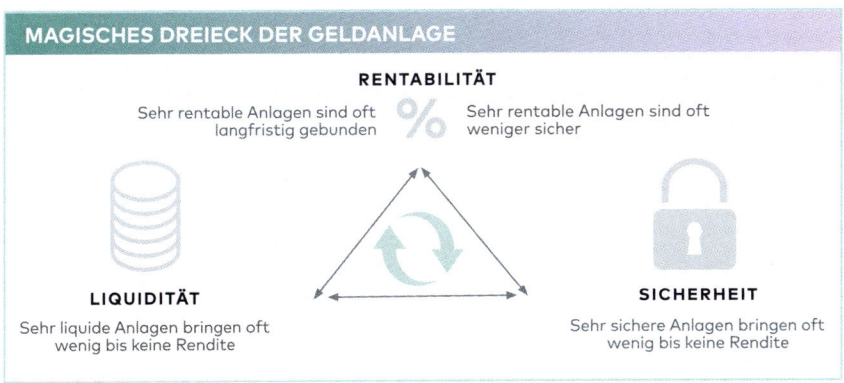

Lege daher fest, welche zwei Punkte (Rentabilität, Sicherheit oder Liquidität) dir am wichtigsten sind. Deine vorher festgesetzten Ziele und die Dauer der Anlage helfen dir bei der Entscheidung. Diese Erkenntnis hilft dir später bei der Festlegung für eine Strategie.

RISIKO BEI DER GELDANLAGE

Lerne die potenziellen Gefahren an der Börse kennen, damit du sie besser beherrschen kannst.

Rendite (↬ Seite 171) und Risiko (↬ Seite 171) sind bei der Geldanlage zwei Seiten der gleichen Medaille. Je höher die Rendite ausfallen soll, desto mehr Risiko müssen Anleger*innen dafür in Kauf nehmen. Das Problem: Während sich die Rendite genau beziffern lässt, ist das Risiko eine abstrakte Größe. Etwas anschaulicher wird das Ganze, wenn du an das Preis-Leistungs-Verhältnis denkst. Markenklamotten sind in der Regel teurer als No-Name-Artikel, und trotzdem werden sie gekauft. Entscheidend ist nicht allein der Preis, sondern das, was man dafür bekommt – eine höhere Qualität, einen modischen Look oder ein seltenes Produkt. Exakt so verhalten sich auch Rendite und Risiko zueinander. Eine höhere Renditeaussicht kann ein höheres Risiko rechtfertigen.

Die Finanzmathematik kennt unterschiedliche Risikomaße, mit denen sich das Wagnis einer Geldanlage objektiv bestimmen lässt. Die Kennzahlen sind in der Regel auf der Webseite deines Online-Brokers ausgewiesen. Bei einem Online-Broker kannst du deine Wertpapiergeschäfte digital über die Website oder eine App erledigen.

Value at Risk – eine typische Risikokennzahl

Zunächst einmal bedeutet Risiko bei der Geldanlage nichts anderes als die Möglichkeit, dass es anders kommen kann als erwartet – besser oder schlechter. Zinsen, Aktien- und Devisenkurse, Rohstoff- und Immobilienpreise sind den unterschiedlichsten Einflussfaktoren ausgesetzt, auf die sie mal mehr und mal weniger stark reagieren. Über die sogenannte *Standardabweichung* lässt sich diese Veränderung recht gut berechnen. Sie gibt an, wie stark der Ertrag eines Investments innerhalb eines bestimmten Zeitraums um seinen Erwartungswert schwankt. Der Erwartungswert wiederum beschreibt die durchschnittliche Rendite eines Wertpapiers.

Intuitiv beurteilen die meisten Privatanleger*innen das Risiko eines Investments aber nur daran, wie viel sie verlieren können. Sie betrachten also lediglich die Abweichung nach unten. Eine Standardkennzahl ist der Value at Risk (VaR → Seite 173). Übersetzt heißt das »gefährdeter Wert«, im Sinne von »Vermögen, das einem Risiko ausgesetzt ist«. Wir reden also vom höchsten zu erwartenden Verlust eines Wertpapiers oder einer Strategie, der mit einer zuvor definierten Wahrscheinlichkeit innerhalb eines fest bestimmten Zeitraums nicht überschritten wird. Das klingt kompliziert, und die Berechnung ist es auch. Historische Daten werden in die Zukunft weitergeschrieben. Es wird also unterstellt, dass alle Risikofaktoren aus der Vergangenheit auch in Zukunft den Wert der Risikoposition in gleicher Weise beeinflussen werden. Im Grunde beantwortet diese Kennzahl eine einfache Frage: Wie viel Geld darfst du in eine bestimmte Aktie investieren, wenn du bei einer Haltedauer von einem Monat mit einer Wahrscheinlichkeit von 95 Prozent nicht mehr als 500 Euro verlieren möchtest? Viele Robo-Advisor (→ Kapitel »Digital ist überall« Seite 110 ff. und Börsen-Wiki Seite 171) nutzen den VaR übrigens sogar in den Namen ihrer Depots.

Aber was, wenn dein Investment nicht zu den 95 Prozent zählt? Wie schlimm es dich in diesem schlimmsten Fall – in unserem Beispiel den 5 Prozent – treffen könnte, wenn der Value at Risk überschritten wird, kannst du am sogenannten *Expected Shortfall* ablesen. Er berechnet den erwarteten Verlust für die Prozente, die jenseits des Konfidenzniveaus (→ Seite 168) liegen.

Bedenke, dass es sich bei Risikokennzahlen um statistische Werte handelt, die lediglich eine Orientierung, aber keine Garantie geben.

Risiko ist die Möglichkeit, dass es anders kommen kann als erwartet – besser oder schlechter.

#FINANZHELDINNEN

Was bedeutet für dich Risiko?

WIE GUT KANNST DU RISIKEN EINSCHÄTZEN?

Risiko ist eine abstrakte Größe. Das zeigt sich spätestens dann, wenn wir aufgefordert werden, Gefahren einzuschätzen. Seltene Ereignisse werden beispielsweise gern überschätzt. So fürchten sich unverhältnismäßig viele Menschen vor Terroranschlägen, obwohl hierzulande im Durchschnitt der vergangenen zehn Jahre laut dem Global Terrorism Index vom Institute for Economics and Peace[1] weniger als drei Menschen starben. Autounfälle und sogar Blitzeinschläge führen häufiger zum Tod. Noch schlechter ist der Mensch, wenn es um die Einschätzung von Zahlen geht, wie Geschwindigkeiten oder Geldbeträge.

Wie Menschen Risiken wahrnehmen, sie einschätzen und damit umgehen, treibt Verhaltensforscher schon seit Jahren um. Erklärungen für das Verhalten unter Unsicherheit lieferte insbesondere die Prospect Theory von Nobelpreisträger Daniel Kahnemann und seinem Kollegen Amos Tversky. Der folgende Test basiert auf der wissenschaftlichen Fragestellung der Prospect Theory.

 In Podcast-Folge #11 sprechen die Finanzheldinnen Katharina und Kathrin über das Thema Risiko. Was ist Risiko für uns? Was ist ein oft unterschätztes Risiko, und warum geht es bei der Geldanlage nicht ganz ohne? Höre in die Folge rein, und erfahre auch, welche Schritte du durchgehen solltest, um das eigene Risiko an der Börse besser einschätzen zu können.

Möchtest du wissen, wie es um deine Risikowahrnehmung bestellt ist? Dann teste dich mit den nachfolgenden acht Fragen:

Du bist mit deinen Freund*innen ins Casino gegangen. An einem der vielen Roulette-Tische schaust du auf die letzten Ziehungen. Tatsächlich ist an diesem Tisch bei den letzten 23 Ziehungen die Kugel auf Rot gefallen. Du beschließt, ein Spiel zu wagen. Auf welche Farbe setzt du?

☐ **A:** Auf Schwarz, denn irgendwann muss ja mal wieder Schwarz kommen.
☐ **B:** Auf Rot. Ich denke, dass die Serie bestimmt noch weiter anhalten wird.
☐ **C:** Es ist egal, welche Farbe. Die Gewinnwahrscheinlichkeit ist in beiden Fällen kleiner als 50 Prozent.

FRAGE 2:

Maria ist eine kleine, zierliche Frau mit Brille, die studiert hat und gern Bücher liest. Welchen Beruf übt sie wahrscheinlich aus?

☐ **A:** Maria ist Krankenschwester.
☐ **B:** Maria ist Literaturprofessorin.

FRAGE 3:

In der Partnerschaft wünscht ihr euch eine große Familie, und plant, insgesamt vier neue Erdenbürger auf die Welt zu bringen. Welche Geschlechterverteilung ist wahrscheinlicher?

☐ **A:** Erst zwei Jungs, dann zwei Mädchen.
☐ **B:** Vier Jungs.
☐ **C:** Beides ist etwa gleich wahrscheinlich.

TEST

FRAGE 4:

Gibt es in der deutschen Sprache mehr Wörter, die mit »s« anfangen oder die auf »s« enden?

☐ **A:** Mehr Wörter, die mit »s« beginnen.

☐ **B:** Gleich viele Wörter beginnen auf »s« und enden auf »s«.

☐ **C:** Es gibt mehr Wörter, die auf »s« enden.

FRAGE 5:

Es geht um das bekannte Lottospiel 6 aus 49. Welche Kombination wird deiner Meinung nach eher gezogen?

☐ **A:** 1 – 2 – 3 – 4 – 5 – 6

☐ **B:** 4 – 12 – 14 – 23 – 33 – 41

☐ **C:** Beide Reihen haben die gleichen Gewinnchancen.

FRAGE 6:

In einem Teich im Wald blühen besonders seltene Seerosen. Im Frühjahr bringen sie neue Blätter hervor. Dabei verdoppelt jede einzelne Seerose im Teich an jedem Tag ihren Platzbedarf. Wenn nach 16 Tagen der gesamte Teich mit Seerosen bedeckt ist – wie viele Tage benötigen die Seerosen, um den halben Teich zu bedecken?

☐ **A:** 8 Tage

☐ **B:** 12 Tage

☐ **C:** 15 Tage

Du fährst mit dem Zug mit 200 km/h von Hamburg nach Hannover. Auf dem Rückweg gibt es jedoch ein Problem an der Strecke und der Zug kommt nur mit 100 km/h voran. Wie hoch ist deine Durchschnittsgeschwindigkeit?

- ☐ **A:** 150 km/h
- ☐ **B:** 133 km/h
- ☐ **C:** 120 km/h

Du besitzt ein Auto, das schon ein wenig in die Jahre gekommen ist. Vor einem Monat bist du damit liegen geblieben, weil der Motor einen Defekt hatte – die Reparatur hat dich 2.000 Euro gekostet. Jetzt macht das Auto schon wieder Mätzchen und die Reparatur soll noch einmal 1.000 Euro kosten. Wie entscheidest du dich?

- ☐ **A:** Na ja, jetzt habe ich letzten Monat erst 2.000 Euro in das Auto gesteckt … ich lasse es reparieren.
- ☐ **B:** Egal, was ich vorher in das Auto gesteckt habe – ich werde es nicht reparieren lassen, sondern verkaufen.

TEST

AUFLÖSUNG

LÖSUNG FRAGE 1:

A: 0 Punkte
B: 0 Punkte
C: 2 Punkte

ERKLÄRUNG: Unter der Annahme, dass der Tisch nicht manipuliert ist, ist die Wahrscheinlichkeit für Rot oder Schwarz bei jeder Ziehung exakt gleich groß und etwas kleiner als 50 %, da die Bank mit der grünen Null gewinnt. Die Information, welche Farben zuvor ausgespielt wurden, macht für die nächste Ziehung keinen Unterschied. Der Effekt, wenn man auf oder gegen Serien setzt, nennt sich *Gambler's Fallacy* – der Irrtum des Spielers.

LÖSUNG FRAGE 2:

A: 2 Punkte
B: 0 Punkte

ERKLÄRUNG: Auch wenn die Geschichte mit der Literaturprofessorin plausibler erscheint – es gibt weitaus mehr Krankenschwestern in Deutschland als Literaturprofessorinnen. Die Wahrscheinlichkeit, dass Maria Krankenschwester ist, ist daher weitaus höher. Die Fehleinschätzung beruht auf dem sogenannten *Base-Rate-Neglect*. Dies führt dazu, dass wir Wahrscheinlichkeiten von Ereignissen falsch einschätzen, da sie nicht in den richtigen Bezugsrahmen gestellt oder missachtet werden.

LÖSUNG FRAGE 3:

A: 0 Punkte
B: 0 Punkte
C: 2 Punkte

ERKLÄRUNG: Eine Mischung aus Mädchen und Jungs ist wahrscheinlicher als nur Jungs oder nur Mädchen. Will man aber eine bestimmte Reihenfolge, wie zum Beispiel MJMJ, ist das mehr oder weniger gleich wahrscheinlich wie JJJJ oder MMMM. Da das Geschlecht der zuvor geborenen Geschwister auf die Nachfolger keinen Einfluss hat, ist jede Reihenfolge mehr oder weniger gleich wahrscheinlich.

LÖSUNG FRAGE 4:

A: 0 Punkte
B: 1 Punkt
C: 2 Punkte

ERKLÄRUNG: Auch wenn es den meisten Menschen leichter fällt, Wörter mit einem Anfangsbuchstaben aufzuzählen als mit einem Endbuchstaben, so ist zumindest laut www.woertermit.com die Anzahl der Wörter, die mit »s« beginnen (19.060) kleiner, als die, die auf »s« enden (24.650).

LÖSUNG FRAGE 5:

A: 1 Punkt
B: 0 Punkte
C: 2 Punkte

ERKLÄRUNG: Tatsächlich sind beide Kombinationen gleich wahrscheinlich, auch wenn die erste Kombination unwahrscheinlicher erscheint. Da aber exakt sechs bestimmte Zahlen gezogen werden müssen, gibt es für die Wahrscheinlichkeit zwischen beiden Reihen keinen Unterschied.

TEST

LÖSUNG FRAGE 6:

A: 0 Punkte
B: 1 Punkt
C: 2 Punkte

ERKLÄRUNG: Das Wachstum des Blattes ist exponentiell. Wenn es sich jeden Tag verdoppelt, muss es also genau am Vortag den halben See bedeckt haben. Wenn du falsch gelegen hast, lass dich nicht entmutigen – es fällt vielen Menschen nicht leicht, »exponentiell« zu denken.

LÖSUNG FRAGE 7:

A: 1 Punkt
B: 2 Punkte
C: 0 Punkte

ERKLÄRUNG: Da man für den Rückweg doppelt so lange benötigt, beträgt die Durchschnittsgeschwindigkeit nur 133,33 km/h.

LÖSUNG FRAGE 8:

A: 0 Punkte
B: 2 Punkte

ERKLÄRUNG: Wenn man auf das Geld achtet, das man bei einem schlechten Geschäft (hier: das reparaturanfällige Auto) bereits verloren hat, und nun weiter gutes Geld investiert, weil man das bereits investierte Geld nicht verlieren will, dann erhöht sich das Risiko, weil noch mehr Geld in das anfällige Auto gesteckt wird. Besser wäre es, sich ein neueres Auto zuzulegen. Dieser Effekt heißt *Sunk Cost Effekt*.

ERGEBNIS

Hier kannst du deine Punkte eintragen:

FRAGE	1	2	3	4	5	6	7	8	SUMME
Punkte									

16–11 PUNKTE: Du kannst Risiken ganz gut einschätzen.
Alles in allem kannst du Risiken recht gut einschätzen. Du wägst Risiken sorgfältig ab und lässt dich nicht so schnell auf die falsche Fährte locken. Risiko hat auch immer etwas mit Statistik zu tun. Du hast hier entweder ein gutes Zahlen- oder Bauchgefühl!

10–5 PUNKTE: Du kannst manche Risiken ganz gut einschätzen, andere nicht so gut.
Manchmal liegst du mit deiner Risikoeinschätzung ganz gut, manchmal aber auch daneben. Das hält sich alles in allem die Waage. Risiko hat immer auch etwas mit Statistik zu tun – und Menschen fallen rationale Entscheidungen oft schwer. Mit etwas mehr Bewusstsein für die Zahlen wird es aber bestimmt mit der Risikoeinschätzung besser klappen.

4 PUNKTE UND WENIGER: Du kannst Risiken eher schlecht einschätzen.
Risiken einzuschätzen scheint nicht deine Stärke zu sein. Keine Bange – Risiken basieren auf Statistik und es ist nicht unbedingt die Stärke des Menschen, rationale Entscheidungen zu treffen. Aber man kann daran arbeiten, indem man sich Risiken bewusst macht, diese aufschreibt und damit abwägbarer macht. Mit etwas Übung kannst du deine Risikoeinschätzung verbessern.

TEST

DIVERSIFIKATION ODER WIE MAN RISIKEN CLEVER VERTEILT

Eine risikofreie Geldanlage gibt es nicht. Aber eine breite Streuung kann die Gefahr von Verlusten minimieren.

Nun sollte dein Bewusstsein dafür geschärft sein, dass Wertpapiere immer mit gewissen Risiken verbunden sind. Bestimmt haben sie dadurch schon etwas vom ihrem ursprünglichen Schrecken verloren, oder? Jetzt erfährst du, wie du dein Anlagerisiko verkleinern kannst. Denn es lässt sich allein dadurch eliminieren, dass du es auf mehrere Schultern verteilst. Der Fachbegriff heißt *Diversifikation* – auf Deutsch: Risikostreuung (↪ Seite 166). Vier Grundregeln gilt es dabei zu beachten.

1. Auf mehrere Anlageklassen und -instrumente setzen

Jedes Investment kommt mit einem individuellen Risiko daher, auch unsystematisches Risiko genannt. Das sind Risiken, die den Aktienkurs eines Unternehmens ganz unmittelbar beeinflussen. Floppt beispielsweise eine Produktentwicklung am Markt, dann fällt der Kurs. Damit du dein Depot nicht von einer Einzelsituation abhängig machst, solltest du statt auf eine Aktie, auf mehrere setzen. Nach dieser Idee funktionieren übrigens auch Investmentfonds (↪ Seite 168), die immer in einen ganzen Korb aus Wertpapieren investieren.

Wir gehen später in den Kapiteln »Deine Anlage – die Wertpapierarten« (↪ Seite 88 f.) und »Breit streuen mit Fonds« (↪ Seite 90 ff.) näher auf Fonds ein.

Noch besser: Verteile dein Vermögen auf mehrere Anlagen (Assets). Es gibt Marktsituationen, unter denen ganze Assetklassen (↪ Seite 165) leiden können. Ein Beispiel: Je niedriger das Zinsniveau ist, desto stärker können die Erträge bei festverzinslichen Anlagen wie Anleihen (↪ Seite 164 f.) oder auch dem Sparbuch zurückgehen. Gleichzeitig kann ein Investment in Gold an Attraktivität gewinnen, obwohl das Edelmetall keine Zinsen abwirft, sondern lediglich im Wert steigen oder auch fallen kann. Das gesamte Vermögen

auf Gold zu setzen, wäre aber ebenfalls hochriskant. Als wohldosierte Bei-
mischung kann das Edelmetall aber das Verhältnis von Ertrag und Risiko im
Depot verbessern.

Für die Risikodiversifikation kommen neben Aktien auch andere Wertpapiere
infrage, die regelmäßig Zinsen abwerfen. Das sind zum Beispiel Unterneh-
mens- oder Staatsanleihen, aber auch Immobilien und Rohstoffe. Darüber hinaus sollte dein Portfolio (➙ Seite 171) verschiedene Branchen, Anlageregionen und Währungen abdecken.

2. Teilen statt bündeln

»Lege nicht alle Eier in einen Korb«, besagt eine der bekanntesten Börsen-
weisheiten. Denn wenn der eine Korb zu Boden fällt, geht deine komplette
Anlage »zu Bruch«. Hast du dein Investment clever aufgeteilt, kann es eine
schlechte Phase einer einzelnen Anlageklasse aushalten.

3. Korrelationen vermeiden

Nun ist es so, dass verschiedene Anlagen miteinander zusammenhängen
können. Das heißt, sie reagieren in gleicher Weise auf äußere Einflüsse. Man
spricht dabei von *Korrelation* (➙ Seite 169). Wenn beispielsweise die Hälfte
deiner Aktien aus dem Depot von Automobilkonzernen oder Zulieferern
stammt, werden diese gleichermaßen unter Druck geraten, falls die Automo-
bilbranche mit Absatzschwierigkeiten kämpft. Achte innerhalb jeder Anlageklasse, aber auch übergreifend darauf, dass sie möglichst wenig korrelieren.
Bei einer solch breiten Streuung heben sich die spezifischen Risiken der Einzelinvestments gegenseitig auf. Denn jetzt hat jede Anlageklasse für sich nicht
mehr so viel Gewicht im Depot, und der Absturz einer einzelnen Assetklasse
wird abgefedert.

4. Risiko verschwindet nicht

Was übrig bleibt, ist ein Portfolio, das das *systematische Marktrisiko*
(➙ Seite 170) birgt. Darunter versteht man die Wahrscheinlichkeit von

finanziellen Verlusten, die dadurch entstehen, dass sich die Marktpreise von bestimmten Werten ändern, also Zinsen, Aktienkurse, Rohstoffpreise oder auch Wechselkurse.

Als Anleger*in liegt es nun bei dir zu entscheiden, welchen Anteil deines Vermögens du in dieses risikooptimierte Portfolio investieren möchtest und welchen Teil du als jederzeit verfügbare Reserve auf dem Tagesgeldkonto parkst, in das Eigenheim oder vielleicht – in Form von Weiterbildungen – in dein Humankapital investierst. Einen Königsweg gibt es dafür nicht. Wenn du allerdings dein persönliches Risikoprofil kennst, lässt sich deine Geldanlage so optimieren, dass sie zu dir passt.

FINDE DEIN PERSÖNLICHES RISIKOPROFIL

Dein Risikoprofil hängt von mehreren Faktoren ab. Du musst vier grundlegende Fragen beantworten, um zu deinem »Wohlfühl-Depot« zu gelangen.

1. Wie viel Risiko halte ich aus?

Totalverluste an der Börse sind möglich. Daher solltest du auch nur so viel riskant anlegen, wie du im schlimmsten Fall aushalten kannst zu verlieren. Auf Seite 33 hast du ja deinen Kassensturz gemacht.

Notiere hier wie viel Geld davon du aushalten würdest zu verlieren:

_____ €

2. Wie viel Risiko bin ich bereit einzugehen?

Die finanzielle Risikobereitschaft ist ein stabiles Persönlichkeitsmerkmal. Sie wird sich in den seltensten Fällen nennenswert ändern. In der Praxis lässt sich allerdings beobachten, dass insbesondere Frauen mutiger werden, je mehr

sie sich mit dem Thema Finanzanlage beschäftigen. Frauen schätzen sich im Vergleich zu Männern realistischer ein. Steigt ihre Kompetenz, dann sehen sie Risiko auch als Chance und gehen bewusst sinnvolle Risiken ein.

Dein Umgang mit finanziellen Risiken hat übrigens nichts mit deiner Risikobereitschaft in anderen Lebenssituationen zu tun. So kann jemand, der regelmäßig den sportlichen Kick beim Motorradfahren oder Bungee-Jumping sucht, eher konservativ anlegen und gänzlich auf Aktien verzichten.

In welchem Maß bist du bereit, einen Verlust für die Möglichkeit in Kauf zu nehmen, einen bestimmten Gewinn zu erzielen? Sicherheitsorientierte Anleger*innen akzeptieren vielleicht maximal 10 Prozent Wertverlust, während eine risikobereite Anleger*in auch einen Totalverlust akzeptieren würde.

Meine Depot soll nicht mehr als _____ % oder die Summe _____ € verlieren.

3. Wie viel Risiko MUSS ich eingehen?

Wie viel Risiko du auf dich nehmen *musst*, hängt vom Anlageziel ab, also davon, welches Vermögen du über welchen Zeitraum aufbauen möchtest. Planst du beispielsweise, ein Vermögen von 5.000 Euro innerhalb von fünf Jahren zu verdoppeln, schaffst du das rein rechnerisch nur mit einem Investment, das dir im Schnitt rund 15 Prozent Rendite pro Jahr beschert. Dafür müsstest du ein relativ hohes Risiko eingehen. Lässt du dir dagegen 20 Jahre Zeit, reichen etwa 3,5 Prozent Zuwachs pro Jahr.

 Grundsätzlich gilt: Je kürzer die Laufzeit und je höher das gewünschte Endvermögen, desto riskanter musst du investieren. Bei der Bestimmung der erforderlichen Rendite helfen Online-Rechner.

Erfasse hier dein Risikoprofil für ein Anlageziel. Denke daran: Nicht jedes Anlageziel muss demselben Risikoprofil unterliegen.

Anfangskapital:	
Laufzeit:	
Gewünschtes Endvermögen:	
Erforderliche Rendite:	

4. Wie nehme ich Risiken wahr?

Risiken werden in der Regel nicht sehr realitätsnah wahrgenommen. Häufig fürchten wir uns vor dem Falschen. So wird Bekanntes im Vergleich zu Unbekanntem typischerweise als weniger riskant wahrgenommen, oder Verluste schmerzen uns mehr, als wir uns über Gewinne in gleicher Höhe freuen. Lass dich nicht täuschen! Kenne dein Profil und handle danach. Zum Üben eignet sich ein Musterdepot. Damit kannst du Börsenerfahrung ganz ohne Risiko sammeln. comdirect zum Beispiel bietet dies zum Ausprobieren an.

Üben mit dem Musterdepot

Du hast dich für eine Aufteilung entschieden, möchtest aber noch kein Risiko wagen? Mit einem Musterdepot kannst du deine Asset Allocation, also die Strukturierung deines Vermögens, testweise umsetzen und die Entwicklung über einen Zeitraum beobachten. Das Musterdepot verfügt über alle Funktionen, die ein echtes Depot hat. Du kannst Aktien, Anleihen oder Fondsanteile an Börsen kaufen und verkaufen. Der Unterschied: Alle Geschäfte im Musterdepot sind rein virtuell, sodass du dich risikofrei mit dem Wertpapierhandel vertraut machen kannst.

FÜNF TYPISCHE ANLAGEFEHLER

Mehr als 5 Prozent Rendite verschenkten Anleger*innen zwischen 2005 und 2015 durchschnittlich, weil sie einfache Grundregeln an der Börse nicht beachteten. Das ist das Ergebnis einer Analyse im Auftrag der Zeitschrift »Finanztest«[2]. Wissenschaftler nahmen dafür rund 40.000 Wertpapierdepots unter die Lupe. Während der Aktienmarkt im betrachteten Zehnjahreszeitraum 8,7 Prozent Rendite einspielte, schafften es die Anleger*innen trotz einer offensiven Ausrichtung mit 80 Prozent Aktien und 20 Prozent Anleihen im Schnitt gerade einmal auf 3,1 Prozent.

Dass ein Depot die Renditeerwartungen nicht erfüllt, liegt häufig am Anlageverhalten. Vermeide diese typischen Fehler, und mache es besser.

1. Mangelnde Diversifikation

Wer alles auf eine Karte setzt, wird von Kursrückgängen besonders hart getroffen. Eine breite Streuung über Anlageklassen, Branchen, Regionen und Währungen verbessert das Chance-Risiko-Profil. Anlageexpert*innen empfehlen häufig, mindestens 30 Wertpapiere im Depot zu haben. Einfacher geht es mit Investmentfonds.

Ein ETF (»Exchange Traded Fund«, also ein börsengehandelter Indexfonds, → Seite 167) auf den MSCI-World bildet beispielsweise die Entwicklung von mehr als 1.600 internationalen Aktien ab. Dieser ETF bündelt die nach Börsenwert größten Unternehmen der Industriestaaten.

2. Stock Picking

Im Grunde spricht nichts dagegen, in Einzelaktien zu investieren, weil dir als Anleger*in beispielsweise ein bestimmtes Produkt besonders am Herzen liegt oder du an eine innovative Geschäftsidee eines Unternehmens glaubst. Mache dir jedoch bewusst, dass solche Investments eher den Charakter einer Wette haben: Wer stark an den Erfolg glaubt, nimmt auch meistens nur Entwicklungen in diese Richtung wahr und blendet unangenehme Ergebnisse aus. Liebhaber-aktien sollten daher nur einen sehr kleinen Teil des Depots ausmachen.

3. Zu viel handeln

»Hin und her macht Taschen leer« ist eine viel zitierte Börsenweisheit. Gemeint ist damit, dass zu viel handeln unterm Strich mehr kostet, als es nutzt. In der »Finanztest«[3]-Analyse zeigte sich, dass es kaum jemandem gelingt, Ruhe zu bewahren. Im Gegenteil: Im Schnitt wurde pro Jahr knapp ein Viertel des Depots umgeschichtet. Das mindert die Rendite und verursacht unnötige Handelskosten. Die aktivsten Anleger*innen lagen nach Kosten sogar im Minus. Eine langfristig ausgerichtete Asset Allocation und ein behutsames, regelmäßiges Rebalancing – worauf wir später auf Seite 105 f. detaillierter eingehen – spart Zeit und Nerven und steigert nachweislich die Renditechancen.

4. Zu viel Heimat im Depot

Je unbekannter ein Anlageprodukt ist, desto riskanter wird es eingeschätzt und umgekehrt. Dieses intuitive Verhalten führt dazu, dass Anleger*innen gern in Unternehmen auf dem Heimatmarkt investieren. Man kennt die Produkte, arbeitet womöglich selbst in einem Unternehmen, in das man investiert, oder hat Freunde und Bekannte, die dort angestellt sind. Allerdings gehen Anleger*innen damit dem sogenannten *Home Bias*, also einer zu großen Neigung zum heimatlichen Markt, auf den Leim: Im Anlageportfolio entsteht ein Übergewicht an bestimmten Wertpapieren, Branchen oder Ländern. Solche sogenannten *Klumpenrisiken* werden systematisch unterschätzt. Die Folge: Der Depotwert ist schwankungsanfälliger, und das Anlageergebnis wird weniger berechenbar.

5. Gier

Je nach Investment sind an der Börse schnelle Gewinne möglich. Anleger*innen sind mit Rohstoffen, Technologieaktien oder Kryptowährungen über Nacht reich geworden. Solche Erfolge machen schnell gierig nach mehr. Doch die Trends sind in aller Regel von kurzer Dauer und gehören nicht in ein langfristig ausgerichtetes Depot.

→ ZIEHE EINE ZWISCHENBILANZ ←

Notiere dir, wie du durch diesen Teil des Buches gekommen bist. Was hast du bisher gelernt? In welche Themen willst du noch tiefer einsteigen? Fühlst du dich bereit für deine erste Anlage? Wenn nein, notiere dir, welcher Input dir noch fehlt, und recherchiere dazu konkret im Internet, oder nutze die Schwarmintelligenz der *finanz-heldinnen*-Community auf Instagram.

Notiere deine Gedanken hier:

IN DEN HELDINNEN-STATUS ÜBERGEHEN

Nur rund 15 Prozent der Deutschen besitzen überhaupt Wertpapiere. Dabei sind sie für den langfristigen Vermögensaufbau unerlässlich. Warum? Weil die Inflation (→ Seite 167 f.) dein Erspartes auffrisst.

Die Inflation beschreibt unsere sinkende Kaufkraft. Stelle dir einen Einkaufswa-gen mit Produkten vor. Kaufst du ein Jahr später dieselben Produkte, kommst du nicht mehr mit derselben Summe an Geld aus. Denn die Waren werden teurer und dein Geld verliert somit an Wert. Das nennt man Inflation.

Die Inflation ist seit Jahren sehr niedrig und liegt deutlich unter dem Ziel der Europäischen Zentralbank (EZB) von zwei Prozent. Aber trotz-dem liegt seit 2015 die Inflationsrate deutlich über den Sparzinsen. Im zweiten Quartal 2020 lag die Inflationsrate bei 0,76 Prozent, während die Zinsen, die im Schnitt auf die Ersparnisse ausgeschüttet worden sind, 0,13 Prozent betrugen. Rechnet man nun die Inflation gegen die Zinsen, ergibt das einen negativen realen Zins von minus 0,63 Pro-zent. Das ist zwar der für Sparer*innen beste Realzins seit fast vier Jahren. Grund zur Freude ist das dennoch nicht, denn das Vorzeichen bleibt negativ: 3,9 Milliarden Euro haben Sparer*innen allein im zwei-ten Quartal 2020 dadurch verloren, dass sie ihr Erspartes auf niedrig verzinsten Anlagekonten parken. Im gesamten ersten Halbjahr waren es sogar fast 13 Milliarden Euro.

Stand: Q2/2020; Quelle: comdirect Realzins-Radar vom 14.07.2020

Traurige Realität: Das Geld der Deutschen wird immer weniger wert, und kaum eine*r tut etwas dagegen. Weil Notenbanken in der Coronakrise viel Geld in die Märkte gepumpt haben und die Zinsen niedrig gehalten werden, um die Wirtschaft weiter anzukurbeln, haben wir es derzeit mit einer besonderen Si-tuation zu tun. Wer nun glaubt, es sei schlau, das Geld auf dem Sparkonto lie-gen zu lassen, wirft bitte noch einmal einen Blick auf den Realzins über minus 0,63 Prozent. Ziehe diesen negativen Realzins von deinen aktuellen Ersparnis-sen ab und du erhältst die Summe, die du aktuell jährlich verlierst.

Hast du also 5.000 Euro Ersparnisse, wirst du auch in ein paar Jahren diese Summe noch auf deinem Konto oder unter deinem Kopfkissen haben. Vielleicht erhältst von deiner Bank ein wenig Zinsen. Faktisch hast du jedoch durch die In-flation weniger Kaufkraft. Zeit, das zu ändern und Wertpapiere zu kaufen!

OHNE SORGEN ALT WERDEN –
SO KANN ES GEHEN

Beim Thema Altersvorsorge zucken viele Frauen immer noch zurück. Das ist riskant. Denn oft müssen Frauen sogar größere Lücken füllen als Männer. Wenn du frühzeitig deine eigene Vorsorgestrategie entwirfst, kannst du entspannter in die Zukunft blicken.

» *Es ist noch so viel Zeit bis zur Rente.* «

» *Ich muss mich erst mal um die Kinder kümmern. Da bleiben weder Zeit noch Geld, um die Altersvorsorge zu planen.* «

» *Für Altersvorsorge ist es jetzt doch schon zu spät.* «

Sätze wie diese sind oft zu hören, wenn es um die Finanzen im Ruhestand geht. Irgendwie ist das ja auch verständlich. Schließlich ist es nicht leicht, sich seinen Finanzbedarf im Ruhestand vorzustellen, egal wie lange dieser noch entfernt ist. Viele Angelegenheiten von heute sind zudem wichtiger und dringlicher. Und ganz ehrlich – es gibt einige Beschäftigungen, die mehr Spaß machen, als sich durch das Angebot von Vorsorgeinstrumentarien zu quälen.

Aufwachen – Es wird Zeit!

Hilft aber nichts. Da musst du leider durch. Denn in Sachen Altersvorsorge besteht dringender Handlungsbedarf. Die gesetzliche Rente allein wird aller Wahrscheinlichkeit nach nicht mehr reichen, um einen entspannten Lebensabend zu genießen. Schuld daran ist unser demografischer Wandel. Wir werden einerseits immer älter und andererseits schrumpft die arbeitende Bevölkerung. Das heißt: Immer weniger Arbeitnehmer*innen müssen mit ihren Rentenversicherungsbeiträgen immer mehr Rentner*innen finanzieren. Das bringt das gesamte Rentensystem in Bedrängnis.

Frauen müssen oft größere Lücken füllen

Bei Frauen ist die generelle Vorsorgelücke aufgrund ihrer Erwerbsbiografie oft sogar noch größer. Nach einer aktuellen Studie der Universitäten Mannheim und Tilburg / Niederlande[4] bekommen Frauen hierzulande im Vergleich zu Männern 26 Prozent weniger gesetzliche Rente.

Der Grund: Viele haben weniger bzw. über einen kürzeren Zeitraum hinweg in die gesetzliche Rentenkasse einbezahlt als Männer. Frauen verdienen oft immer noch weniger und sie unterbrechen häufiger ihre Karriere wegen Babypausen oder arbeiten länger in Teilzeit.

Orientieren wir uns an Statistiken, muss das Altersgeld zudem länger halten als bei der männlichen Bevölkerung. Frauen werden statistisch gesehen nämlich älter als Männer. Eine Frau, die 1960 in den Ruhestand ging, war etwa zehn Jahre lang auf ihre Rente angewiesen. Heute braucht sie für fast zwei volle Jahrzehnte ein eigenes Einkommen.

Fazit: Um ein angemessenes Finanzpolster fürs Alter zu erreichen, sollten vor allem Frauen möglichst früh mit der – vom Partner bzw. der Partnerin unabhängigen! – Altersvorsorge beginnen. So profitierst du auch am meisten vom Zinseszinseffekt (→ Seite 173). Und wenn du selbst vorsorgst, muss sich auch später kein anderer finanziell um dich sorgen – etwa deine Kinder.

So wirkt der Zinseszinseffekt

Mithilfe des Zinseszinseffekts kann dein Vermögen schneller wachsen. Die Zinseszinsen sind die Zinsen, die du auf deine Rendite erhältst. Mit anderen Worten: Wenn du deine Zinsbeträge oder Gewinne direkt wieder anlegst, vergrößert sich automatisch die Basis für die nächste Renditeberechnung.

Zwei beispielhafte Rechnungen zum Zinseszinseffekt:

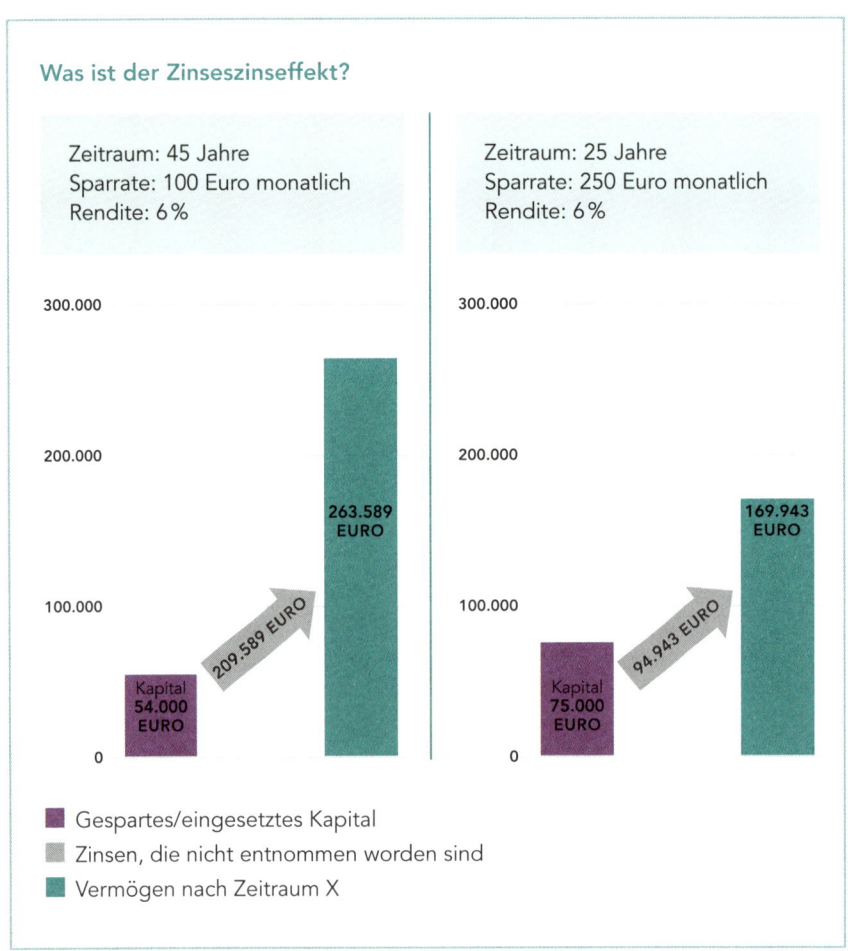

Was ist der Zinseszinseffekt?

Zeitraum: 45 Jahre
Sparrate: 100 Euro monatlich
Rendite: 6 %

Zeitraum: 25 Jahre
Sparrate: 250 Euro monatlich
Rendite: 6 %

300.000 · · · 200.000 · 263.589 EURO · 100.000 · 209.589 EURO · Kapital 54.000 EURO · 0

300.000 · 200.000 · 169.943 EURO · 100.000 · 94.943 EURO · Kapital 75.000 EURO · 0

■ Gespartes/eingesetztes Kapital
▨ Zinsen, die nicht entnommen worden sind
■ Vermögen nach Zeitraum X

Online gibt es diverse Rechner dazu. Schaue doch einfach mal, was deine geplante Sparrate nach Online-Zinseszinsrechner ergibt und trage dir dies für ein Anlageziel direkt ein:

Anlageziel (z. B. Altersvorsorge oder Wohneigentum):	
Sparrate / Anlagesumme:	€
Geplante Anlagedauer:	€
Prognostizierte Rendite:	€
ENDSUMME:	€

Ich lege schon Geld auf die Seite – nur meistens auf die falsche.

#FINANZHELDINNEN

SO BERECHNEST DU DEINE RENTENLÜCKE

*Wenn du deine Altersvorsorge anpackst, musst du dir erst einmal einen Über-
blick über deine Situation verschaffen. Du musst deine Versorgungslücke er-
mitteln.*

Die Rechnung ist eigentlich ganz einfach. Du überlegst, wie hoch dein Finanzbedarf im Alter voraussichtlich sein wird. Dann listest du für dich auf, wie viel
Geld dir später nach aktuellem Stand zur Verfügung steht (siehe nachfolgende
Seite). Die Differenz zeigt, ob du mit zusätzlicher Finanzvorsorge nachlegen
willst oder musst. Beachte bei deiner Planung auch die Entwicklung der Inflation und passe gegebenenfalls im Lauf der Zeit an.

Wie hoch ist der Finanzbedarf im Alter?

Ausgangspunkt ist das Netto- bzw. das Familieneinkommen, das du bis zum
Ruhestand zur Verfügung hattest. Einige Ausgaben fallen später weg, etwa
der Arbeitsweg, der ein oder andere Versicherungsbeitrag, die Sparraten
für die Altersvorsorge und – wenn es richtig gut läuft – die Abzahlung fürs
Eigenheim. Andere Kosten kommen womöglich hinzu: Reisen, Hobbys oder
Gesundheitskosten. Letztlich muss jeder seinen Bedarf möglichst individuell
abschätzen. Eine übliche Faustformel unter Experten lautet jedoch: 70 bis
80 Prozent des letzten Nettoeinkommens braucht man im Ruhestand.

Unter dem Hashtag #meineRenteninformation haben 2019 Frauen ihre
Renteninformationen geteilt und preis gegeben, wie viel sie später an
Rente erwarten.
Suche nach dem Hashtag auf Twitter und du wirst reale Beispiele für die
unterschiedlichsten Lebenssituationen finden.

Dein aktuelles Netto-Monatseinkommen:

_____ €

Dein angestrebtes Netto-Monatseinkommen kurz vor Rentenbeginn:

_____ €

80 Prozent vom geplanten letzten Netto-Monatseinkommen:

_____ €

Voraussichtliche Lücke von:

_____ €

*Eine finanz-heldin macht kein Standard-Workout,
sie tanzt über das Börsenparkett.*

#FINANZHELDINNEN

Welche Finanzmittel stehen im Alter zur Verfügung?

In Deutschland beruht die Altersvorsorge auf einem Drei-Säulen-Modell: Gesetzliche Vorsorge, geförderte Vorsorge, private Vorsorge. Daran kannst du dich grob orientieren.

Stelle dir einen Mix aus den drei Säulen zusammen und baue dir so nach und nach eine Altersvorsorge auf, die zu dir, deinen Zielen und deiner Situation passen.

DIE DREI SÄULEN DER ALTERSVORSORGE

BASISVORSORGE	GEFÖRDERTE ZUSATZVORSORGE	PRIVATE ZUSATZVORSORGE
gesetzliche Altersvorsorge	betriebliche Altersvorsorge	private Altersvorsorge

- gesetzliche Rente
- Rürup-Rente
- Beamtenversorgung
- berufsständische Versorgung

- Direktzusage
- Pensionsfonds
- Direktversicherung
- Pensionskasse
- Unterstützungskasse

Die Infos zur betrieblichen Altersvorsorge erhältst du von deinem Arbeitgeber. Werde aktiv und frage nach, welche Möglichkeiten du hast.

- Immobilien
- Wertpapiere
- Versicherungen
- Riester
- sonstige Bankprodukte/ Geldanlagen

In dieser Säule hast du den größten Spiel- und Gestaltungsraum. Schaue, welche Themen für dich im Rahmen der privaten Altersvorsorge in Frage kommen.

Die Grundsäule unserer Altersvorsorge ist die **gesetzliche Rente**. Wie hoch diese voraussichtlich ausfällt, kannst du anhand der Mitteilungen ablesen, die die Deutsche Rentenversicherung Jahr für Jahr verschickt. Achtung: Die Hochrechnungen der Behörde berücksichtigen nicht die Inflation. Du musst also davon ausgehen, dass das Geld in zehn oder 30 Jahren weniger wert ist als heute. Im Kopf haben musst du außerdem, dass Renten inzwischen besteuert werden und im Alter auch noch – unterschiedlich hohe – Krankenkassenbeiträge fällig werden können.

Ebenfalls zur ersten Säule zählt die **Rürup-Rente**, die zwar von privaten Versicherungen vertrieben wird, aber dem gesetzlichen Altersgeld in seiner Struktur nachgebildet ist. Die Rürup-Rente bietet sich vor allem für Selbstständige, Freiberufler und Besserverdienende (wegen des Steuervorteils) an. Schließlich fließen hier auch Gelder aus berufsständischen Versorgungswerken rein – etwa für Ärzte, Anwälte oder Architekten.

Zur zweiten Säule gehören alle Arten der **betrieblichen Altersvorsorge** und der staatlich geförderten Rente. Das können also Direktversicherungen vom Arbeitgeber sein oder die Riester-Rente.

Schließlich kommt die ergänzende **private Vorsorge** ins Spiel: In dieser Säule hast du den größten Spielraum und kannst selbst gestalten. Zur Säule zählen private Rentenversicherungen, Sparpläne oder Fonds. Um wie viel Euro Riester-Rente, betriebliche Altersvorsorge oder private Versicherungen dein Altersbudget erhöhen, kannst du ebenfalls den jährlichen Mitteilungen der jeweiligen Versicherungsgesellschaften entnehmen. Wichtig: Rechne vorsichtshalber nur mit den garantierten Werten.

Wenn du Rentenversicherungen, fondsgebundene Lebens-/Rentenversicherungen, etc. abgeschlossen hast, findest du in den entsprechenden Unterlagen in der Regel Prognosen über das später angesammelte Kapital. Diesen Wert solltest du für den Altersvorsorge-Check in monatlich verfügbare Beträge umrechnen. Dabei können Online-Angebote zum Berechnen der Zinsen helfen.

 Auch bei diesen Werten die Inflation im Hinterkopf behalten. Wer außerdem Immobilien vermietet, trägt auch die monatlichen Mieteinnahmen in die nachfolgende Liste ein. Steuern und Instandhaltungsrücklagen musst du vorher natürlich abziehen.

MÖGLICHE EINKÜNFTE IM ALTER	ERWARTETE MONATSRENTE	FÄLLIG AB DEM JAHR
Gesetzliche Rente	€	
Beamtenversorgung	€	
Betriebliche Rente	€	
Riester-Rente	€	
Rürup-Rente	€	
Private Rentenversicherung	€	
Mieteinnahmen	€	
Sparpläne	€	
Sonstiges	€	
SUMME:	€	

Gleiche an dieser Stelle deine oben berechnete voraussichtliche Rentenlücke und die Summe der nach aktuellem Stand erwarteten Monatsrente ab. Schaue, welche Lücke auch hier vorherrscht.

DIESE PRODUKTE GIBT ES, UM LÜCKEN ZU FÜLLEN

Nachdem du deine Rentenlücke ermittelt hast, überlegst du nun, wie du sie füllen kannst. Generell kommen Rentenversicherungen, Sparpläne, Fonds oder Immobilien infrage. Schaue auch hier, dass du eine gute Mischung – Stichwort Diversifikation – aufstellst, die zu dir passt.

Stand der Übersichten: Juni 2020

ANLAGEFORM	PRINZIP
STAATLICH GEFÖRDERTE ALTERSVORSORGE	
Riester-Rente	Riestern können sozialversicherungspflichtige Arbeitnehmer, deren Ehepartner und Beamte. Es stehen Rentenversicherungen, Investmentfonds, Banksparpläne oder Baufinanzierungen zur Wahl. VORTEIL: Der Staat spendiert den Sparern Zulagen. Die Grundzulage beträgt aktuell 175 Euro, die Kinderzulage 185 Euro für bis Ende 2007 geborene Kinder und 300 Euro für ab 2008 geborene Kinder.
Rürup-Rente	Hinter der Rürup-Rente stecken Rentenpolicen – wahlweise fondsgebunden oder mit garantierter Verzinsung. Der Versicherte erhält später eine lebenslange Rente. VORTEIL: Rürup-Sparer können ihre Beiträge bis zu einem bestimmten Höchstwert von der Steuer abziehen.
Betriebliche Altersvorsorge (bAV)	Arbeitnehmer dürfen einen Teil ihres Gehalts in eine bAV umwandeln. Besonders beliebt ist die direktversicherung – der Arbeitgeber schließt hier für den Arbeitnehmer eine Lebens- oder Rentenversicherung ab. VORTEIL: Die Beiträge bleiben zum Teil steuer- und auch sozialabgabenfrei.

ERTRAGSCHANCE / RISIKO	FLEXIBILITÄT
Aufgrund der Zulagen kann sich diese Variante vor allem für **Familien mit mittlerem und niedrigen Einkommen** lohnen. Garantiert müssen den Riestersparern später zumindest alle Einzahlungen plus Zulagen zur Verfügung stehen.	**Mittel:** Zwar kann der Sparer zwischen einzelnen Riesterprodukten wechseln. Wer aber ganz kündigt, muss die Zulagen zurückzahlen.
Die Steuervorteile zahlen sich am deutlichsten für **Selbstständige** aus.	**Gering:** Wie die gesetzliche Rente ist die Rürup-Rente nicht vererbbar und nicht kündbar – man kann die Beiträge nur ruhend stellen.
Wird diese Variante großzügig vom Arbeitgeber mit gesponsert, sollten Arbeitnehmer sie nicht liegen lassen.	**Gering:** Die bAV ist stark an den Arbeitgeber gebunden.

ANLAGEFORM	PRINZIP
PRIVATE VERSICHERUNGEN	
Private Renten-versicherung	Der Kunde darf wählen, ob die ersparte Summe in Form einer lebenslangen monatlichen Rente oder auf einen Schlag ausbezahlt werden soll. Bei einer Rente fließen die Gelder lebenslang.
Fondsgebundene Privatrente	Die Versicherungsgesellschaft investiert bei dem Modell Beiträge statt in fest verzinsliche Papiere ganz oder zum Teil in Investmentfonds.
BANK- UND INVESTMENTPRODUKTE	
Banksparplan	Der Investor spart feste monatliche Raten zu einer festen oder variablen Grundverzinsung an; die Bank legt das Geld risikoarm an.
Fondssparplan	Die monatlichen Raten fließen nicht in Bankprodukte, sondern in Investmentfonds.
IMMOBILIEN	

Immobilien als Altersvorsorge sind eine Kategorie für sich. Da ist auf der einen Seite **das Eigenheim,** das im besten Fall dafür sorgt, dass du im Alter mietfrei wohnen kannst. Im Bestfall ohne große Investitionen, um Modernisierungen zu tätigen.

ERTRAGSCHANCE / RISIKO	FLEXIBILITÄT

Mindestverzinsung wird bei klassischer Variante garantiert. Der Garantiezins liegt derzeit aber lediglich bei 0,9 Prozent und wird voraussichtlich noch weiter sinken.

Gering: Bei vorzeitiger Kündigung drohen Verluste für den Sparer.

Wegen der Beteiligung am Kapitalmarkt sind die **Ertragschancen größer**.

Das **Risiko** ist **gering**, die **Ertragschancen** aber aktuell wegen der extrem niedrigen Sparzinsen **mäßig**.

Hoch: Aber abhängig vom ausgewählten Produkt.

Hohe Ertragschancen: Das Risiko ist abhängig vom Aktienanteil. Rentenfondsanteile federn das Risiko ab. Investmentfonds sind mit den für börsengehandelte Wertpapiere typischen Gefahren verbunden. Es kann zu Kursverlusten kommen, die sich negativ auf die Wertentwicklung des Fondssparplans auswirken können.

Hoch: Der Sparplan lässt sich jederzeit unterbrechen, kündigen oder aufstocken.

Aufgrund der aktuell sehr niedrigen Immobilienfinanzierungszinsen denken viele aber auch darüber nach, in **Immobilien** zu investieren. Vorteil: Die Mieten peppen die Erträge im Alter zusätzlich auf. Nachteil: Als Vermieter hat man auch neue Pflichten und Mieten können auch ausfallen. Ob sich letzteres Modell für dich rechnet, kann dir am besten dein*e Steuerberater*in sagen.

DEINE ANLAGE – DIE WERTPAPIERARTEN

Als Anleger*in hast du die Qual der Wahl, in welche Vermögenswerte du dein Geld investierst. Wir stellen dir die wichtigsten Assetklassen vor.

Der englische Begriff Asset bedeutet Vermögenswert. Das kann zunächst einmal alles Mögliche sein – vom Bargeld im Sparschwein über dein Eigenheim bis zur Aktie. Diese Assets lassen sich in verschiedene Gruppen, die sogenannten *Assetklassen* einteilen:

Aktien

Aktien sind vielleicht die bekannteste Assetklasse, bei den Deutschen aber nicht besonders beliebt – auch weil sie als riskant gelten. Nur etwa 6,5 Prozent ihres Vermögens haben die Deutschen laut Angaben des Deutschen Aktieninstituts[5] in Aktien investiert. Das ist verwunderlich, denn Aktien bieten langfristig eine richtig gute Rendite. Aktien sind Anteile an Unternehmen. Wenn du Aktien kaufst, wirst du Unternehmerin und nimmst an der wirtschaftlichen Entwicklung des Unternehmens teil.
Laufen die Geschäfte des Unternehmens gut, profitierst auch du durch Kurssteigerungen und Dividendenzahlungen. Trüben sich die Gewinnerwartungen hingegen ein, oder kommt es sogar zu Verlusten, wird auch der Aktienkurs sinken und dir damit Einbußen bescheren. Damit ist klar: Aktien eignen sich nicht dafür, kurzfristig Geld zu parken, vielmehr solltest du über einen langen Investmenthorizont von zehn Jahren und mehr verfügen.

Anleihen

Bei einer Anleihe leiht man sein Geld einem Schuldner. Das kann zum Beispiel ein Staat sein: Kauft man Bundesanleihen, dann leiht man sein Geld dem deutschen Staat, der es mit Zinsen zu einem vorher festgelegten Zeitpunkt wieder zurückzahlt. Du kannst dein Geld aber beispielsweise auch einem Unternehmen leihen, dann spricht man von Unternehmensanleihen. Im Prinzip handelt man damit so ähnlich wie eine Bank, die Kredite vergibt.

Dabei ist zu beachten, dass unterschiedliche Schuldner, unterschiedliche Bonitäten genießen. So ist das Risiko, das Geld dem deutschen Staat zu leihen eher gering, man wird es höchstwahrscheinlich wieder zurückerhalten. Das drückt aber natürlich auch auf die Renditen. Leiht man sein Geld Schuldnern, die eine weniger gute Bonität haben, steigt zwar die Rendite, aber eben auch das Risiko, dass der Schuldner bis zur Fälligkeit ausfallen könnte und man sein Geld sowie die Zinsen nicht ausbezahlt bekommt.

Immobilien

Immobilien sind eine beliebte Assetklasse, deren Risiken allerdings häufig unterschätzt werden. Anleger*innen erwerben eine Immobilie oder einen Anteil an einer Immobilie und verbuchen die Mietzahlungen als Rendite. Zu beachten ist, dass für den Betrieb einer Immobilie auch Kosten anfallen. Zudem laufen Vermieter*innen Gefahr, dass Zahlungen ausbleiben oder die Substanz der Immobilie beschädigt werden könnte. Immobilien können allerdings einen Schutz gegen Inflation bieten, insbesondere bei guter Lage. Denn als Sachwert besteht die Chance, dass Wertzuwächse die Geldentwertung ausgleichen.

Rohstoffe

Rohstoffe sind eine vielfältige Assetklasse, so fallen neben Gold und Öl auch Lebensmittel wie Weizen oder Soja in diese Kategorie. Privatanleger*innen sollten sich eine Investition in Rohstoffen gut überlegen. Insbesondere Lebensmittel können durch Spekulation verteuert werden, was ethisch betrachtet kritisch ist. Andere Rohstoffe verursachen Lagerkosten und zahlen keine Zinsen, weshalb nur durch Kursveränderungen Renditen möglich sind.

Weitere Assetklassen

Darüber hinaus gibt es Kryptowährungen, Zertifikate, Optionsscheine und eine Reihe an weiteren Produkten, die ein entsprechendes Vorwissen bei der Anlage erfordern. Da wir dich mit dem Planer beim Einstieg begleiten wollen, haben wir diese Anlageklassen nicht weiter berücksichtigt.

BREIT STREUEN MIT FONDS

Mit nur einem Anlageprodukt in viele verschiedene Werte investieren – das funktioniert am einfachsten mit Investmentfonds.

Risikodiversifikation bedeutet, mindestens 30 Werte aus unterschiedlichen Assetklassen, Branchen, Regionen und Währungen im Depot zu haben. Leichter gesagt als getan, denn es erfordert eine Menge Aufwand, aus all diesen Bereichen die aussichtsreichsten Wertpapiere herauszufiltern. Investmentfonds und ETFs können dir einen beträchtlichen Teil dieser Arbeit abnehmen, denn sie liefern bereits ein diversifiziertes Portfolio, indem sie in einen ganzen Topf von Wertpapieren investieren. Fonds gibt es in ganz unterschiedlichen Ausprägungen.

Aktive Fonds

Aktive Fonds, auch Investmentfonds genannt, haben ein Management, das eine klare Meinung zum Markt hat und versucht, diesen mit seiner Erfahrung zu schlagen, das heißt, eine bessere Rendite bei vergleichbarem Risiko zu erzielen. Das kann funktionieren. Bei diesem Fonds fallen für die Verwaltung durch die Investmentfirma jedoch Gebühren an und diese müssen wiederum abgedeckt werden, sodass ein Gewinn erzielt werden kann. Dieses Kriterium kann bei der Entscheidung eine Rolle spielen. Gebühren allein sollten aber nicht der ausschlaggebende Faktor für oder gegen ein Produkt sein.

Exchange Traded Funds, kurz ETFs, sind sogenannte *passive Fonds*, die den Markt möglichst genau abbilden und das zu günstigen Gebühren, da sie computerbasiert nachgestellt werden können. Man sagt auch Indexfonds, da sie in der Regel einen bestimmten Index nachbilden.

Offene vs. geschlossene Investmentfonds

Offene Fonds erlauben es, jederzeit Geld ins Fondsvermögen einzuzahlen oder auch abzuziehen. Geschlossene Fonds sind an eine Laufzeit gebunden.

Während der Laufzeit können Fondsanteile nur verkauft werden, sofern sich ein*e Käufer*in findet. Bei einem vorfristigen Verkauf muss allerdings mit Preisabschlägen gerechnet werden. Geschlossene Fonds finden sich häufig bei Immobilien. In offenen Immobilienfonds sind in der Regel mehrere Immobilien, wohingegen bei einem geschlossenen Immobilienfonds oft nur ein Projekt finanziert wird.

Fonds nach Assetklasse

Fonds können eine ganze Assetklasse abbilden, beispielsweise Aktien- oder Rentenfonds, oder auch nur einzelne Subassetklassen, beispielsweise ein amerikanischer Aktienfonds oder ein Fonds für europäische Unternehmensanleihen. Manchmal folgen Fonds dabei auch einem thematischen Filter wie Nachhaltigkeit, durch den ausschließlich Assets ausgewählt werden, die bestimmten Nachhaltigkeitskriterien genügen.

Mischfonds

Fonds können Anlegern aber auch die Aufgabe der Asset Allocation und das Rebalancing (→ Seite 105 f.) abnehmen. Dann spricht man von Mischfonds, die in der Regel ihr Geld sowohl in Aktien als auch in Anleihen investieren und dabei die Investitionsquoten im Blick haben.

Dachfonds

Einen Schritt weiter gehen Dachfonds, die in eine ganze Reihe unterschiedlicher Fonds investieren, häufig auch aus verschiedenen Assetklassen, um das Geld der Anleger*innen so breit wie möglich zu streuen. Dachfonds sind häufig recht teuer: Es fallen die Kosten für den Dachfonds an, aber auch für die einzelnen Fonds, auf die er setzt.

DAS SIND DIE WICHTIGSTEN AKTIENINDIZES

Wenn du dich mit Aktien beschäftigst, kommst du an den verschiedenen Aktien-indizes nicht vorbei. Sie sind so etwas wie eine Maßeinheit für Anleger*innen.

An den Börsen werden weltweit Tausende von Aktien gehandelt. Aber hast du wirklich Zeit und Lust, dich intensiv mit allen einzelnen Titeln und Unternehmen zu beschäftigen? Hier kommen die Aktienindizes ins Spiel. In jedem Index ist eine bestimmte Anzahl an Einzeltiteln gebündelt. Abhängig von dem jeweiligen Index haben sie bestimmte Gemeinsamkeiten (siehe unten). Jeder Index spiegelt damit die Entwicklung auf einem Teilmarkt wider. Das bietet dir einen guten Vergleich zur eigenen Depotentwicklung.

Wenn du in ETFs investierst, haben Indizes noch eine besondere Bedeutung. Diese Indexfonds versuchen schließlich, die Entwicklung eines Index nachzuahmen.

Die Welt von Dax und Dow

Wie gut kennst du dich schon aus in der Welt der Indizes? Wir stellen dir eine Auswahl vor:

1. Welcher ist der wichtigste deutsche Aktienindex?
Hier sind wir beim **Dax**, dem Deutsche Aktienindex. Er setzt sich aus den Kursen der 30 größten und liquidesten deutschen börsennotierten Aktiengesellschaften zusammen. Diese Unternehmen gehören in der Regel zu den bekanntesten in Deutschland und geben als Index einen aussagekräftigen Wert wieder. Aktuell sind zum Beispiel Adidas, Henkel, Volkswagen, die Deutsche Telekom oder die Deutsche Bank vertreten.

2. Was sind MDax, SDax und TecDax?
Hinter der Abkürzung **MDax** verbirgt sich der »Mid-Cap-Dax«. Er umfasst 60 mittelgroße Unternehmen mit Geschäftssitz in Deutschland. Das sind letztlich die Unternehmen, die gemessen an der Marktkapitalisierung (→ Seite 169 f.),

also dem rechnerischen Gesamtwert der Anteile eines börsennotierten Unternehmens, direkt auf die Dax30-Unternehmen folgen. Vertreten sind insbesondere die klassischen Branchen wie Automobil, Chemie, Industrie, Banken und Versicherungen.

Auf die Mid Caps folgen die Small Caps. Im **SDax** sind die 70 deutschen Unternehmen aus den klassischen Branchen gebündelt, die sich in Sachen Marktkapitalisierung an die MDax-Firmen anschließen.

Im **TecDax** sind aber tatsächlich die 30 stärksten Technologieaktien aus Deutschland vertreten. Aktuell gehören unter anderem 1&1 Drillisch, Freenet, Infineon, Carl Zeiss und Drägerwerk dazu.

3. Hat der Dow Jones etwas mit den USA zu tun?

Ganz genau. Der **Dow Jones** umfasst die Kursentwicklung der 30 bedeutendsten, marktführenden Unternehmen an der US-amerikanischen Börse. Die Auswahl der aufzunehmenden Unternehmen erfolgt durch ein unabhängiges Gremium. Derzeit sind unter anderem 3M, Apple, Coca-Cola, Nike, Verizon, Procter & Gamble und Goldman Sachs im Dow Jones.

Mit der Wall Street hat aber auch der **S&P 500** etwas zu tun. Er berücksichtigt die 500 größten Unternehmen, die an der New Yorker Börse gehandelt werden. Der Index ist besser diversifiziert als der Dow Jones und besitzt eine hohe Marktkapitalisierung. Er hat zwar 500 Werte, die Technologiewerte machen jedoch gut 25 Prozent aus. Das solltest du wissen.

4. Welcher ist der wichtigste Index für Anleger*innen, die international investieren wollen?

Da sind wir beim **MSCI World.** Er stellt die Entwicklung der Aktien weltweit dar. Er umfasst Papiere aus 23 Ländern. Allerdings werden Aktien aus den Emerging Markets (→ Seite 166 f.), also Schwellenmärkten, und Small Caps (→ Seite 172) nicht berücksichtigt. Der Index wird von dem US-amerikanischen Finanzdienstleister Morgan Stanley Capital International berechnet.

Ja, den **Euro Stoxx50.** Der Aktienindex enthält die 50 größten Unternehmen des Euro-Gebietes. Er wird von der Stoxx Ltd. in Zürich betrieben. Die Aufnahmen in diesen Index werden jährlich überprüft.

Stand aller Angaben: Juni 2020

STRATEGISCHE ASSET ALLOCATION

Die Asset Allocation auszuwählen ist eine Frage deines persönlichen Risikoprofils. Hast du dein Portfolio danach ausgerichtet, gilt es, die ursprüngliche Aufteilung immer wieder anzupassen.

Oberstes Gebot bei der Asset Allocation sollte die Aufteilung deines Vermögens in verschiedene Risikogruppen wie Anleihen, Aktien, Immobilien, Währungen und Edelmetalle sein. Zur Erinnerung: Wichtige Faktoren, die dein Risikoprofil bestimmen, sind unter anderem der Investmenthorizont, aber auch deine Renditeerwartungen. Hast du relativ viel Zeit und benötigst das Geld zwischenzeitlich nicht, könnten riskantere Assetklassen wie Aktien bevorzugt werden. Empirische Untersuchungen wie das Renditedreieck des Deutschen Aktieninstituts[6] zeigen, dass das Risiko, mit einer Aktienanlage Geld zu verlieren, mit längerer Investitionsdauer abnimmt. Bei Anlagen von mehr als zehn Jahren sind Verlustrisiken geringer, wenngleich auch nicht ausgeschlossen.

Aktienquote festlegen

Je nach Risikopräferenz legst du deine Aktienquote fest. Wie hoch die Aktienquote ist, liegt bei dir und deinem Risikoempfinden. In Zeiten von Null- und Niedrigzinsen geht es aber nicht mehr ohne Aktien. Ein signifikanter Anteil von 20 bis 30 Prozent sollte es mindestens sein. Wichtig dabei ist, dass du auch innerhalb der Assetklasse diversifizierst. Verteile das Risiko auf viele verschiedene Unternehmen. Am besten mit Investmentfonds und ETFs. Außerdem solltest du auf mehrere Branchen und Länder setzen. So kann die Assetklasse Aktien beispielsweise in eine Länderaufteilung zerfallen, etwa

50 Prozent Aktien Europa, 30 Prozent Aktien Nordamerika, 10 Prozent Aktien Asien und 10 Prozent Aktien Emerging Markets, je nachdem wie du die Wachstumsaussichten, aber auch die Risiken für die einzelnen Regionen einschätzt und eingehen möchtest.

Meine Wunsch-Aktienquote: _____

Alle Risiken im Blick behalten

Der Rest des Kapitals sollte auf die verbleibenden Assetklassen aufgeteilt werden.

Diese Assetklassen (siehe Seite 88 f.) könnten für mich in Frage kommen:

_____

_____

_____

Wichtig für Eigenheimbesitzer

Eigenheimbesitzer haben bereits einen sehr hohen, oft den größten Teil ihres Vermögens in Immobilien investiert: nämlich der eigenen, selbst bewohnten Immobilie. Ein zusätzliches Investment etwa in Immobilienfonds kann leicht zu einer zu einseitigen Risikoausrichtung führen.

FINDE EINE ANLAGE, DIE ZU DIR PASST

Diversifikation ist das A und O für ein langfristiges, stabiles Investment. Wir zeigen dir, wie du dich deiner Strategie nähern kannst.

Ein gut gemischtes Depot ist Pflicht, aber du solltest niemals ohne Strategie anlegen. Man kann es mit der Risikostreuung nämlich auch übertreiben. Viele Anleger*innen strukturieren ihr Depot nach einer Anlagestrategie. Manche verfolgen beispielsweise eine *Dividendenstrategie* und wählen vornehmlich Aktien mit einer überdurchschnittlichen Dividendenrendite, während andere nach der *Value-Strategie* versuchen, unterbewertete Aktien aufzuspüren. Es gibt noch weitere solcher Konzepte. Gern angewendet wird beispielsweise auch die sogenannte *Core-Satellite-Strategie*. Mit ihr lassen sich Akzente setzen, indem du einen kleinen Teil deines Geldes in besonders renditestarke Assets investierst. Diese zu finden ist vor allem eine Sache der eigenen Persönlichkeit, deiner Werte und Interessen.

Wir stellen dir hier eine Auswahl der bekanntesten Strategien vor:

Buy-and-hold

Wer auf diese Strategie setzt, verzichtet aufs Timing und vertraut stattdessen auf die langfristig positive Entwicklung der Aktienmärkte. Ganz konkret kaufst du also Wertpapiere und lässt sie liegen.

Dividendenstrategie

Mit der Dividendenstrategie sollen unabhängig von der Kursentwicklung regelmäßige Erträge aus Aktien erzielt werden. Dabei wählen Anleger*innen Aktien mit einer hohen Dividendenrendite aus. Sie beschreibt das Verhältnis des ausgeschütteten Gewinns zum Aktienkurs. Wichtig: Achte bei der Auswahl darauf, dass das Unternehmen bereits in der Vergangenheit regelmäßig hohe Dividenden ausgeschüttet hat (Hinweis: Dies kann eine Orientierungshilfe sein – vergangene Entwicklungen sind jedoch kein sicherer Indikator für

die zukünftigen.) Zur Orientierung: Die 15 dividendenstärksten deutschen Unternehmen findest du im DivDax.

Core-Satellite-Strategie

Die Core-Satellite-Strategie besteht aus zwei Investmentbereichen, einem Kerninvestment (Core) und ausgewählten Einzelinvestitionen (Satelliten). Der Core macht mit etwa 80 Prozent den Löwenanteil deines Gesamtportfolios aus. Er sollte möglichst breit diversifiziert sein, um eine langfristig solide Rendite abzuwerfen und gleichzeitig Wertverluste einzelner Assets auszugleichen. Mit den restlichen 20 Prozent kannst du gezielt auf einzelne Satelliten setzen, die du für besonders aussichtsreich hältst. Das können beispielsweise bestimmte Markttrends sein, aber auch ausgewählte Branchen, Währungen oder Regionen. Achte auch innerhalb des Satelliten-Portfolios auf die Risikostreuung, und berücksichtige verschiedene Assetklassen (Aktien, Anleihen, Fonds, etc.), anstatt alles auf eine Karte zu setzen. Je einseitiger deine Auswahl, desto höher ist das Risiko.

> Die Aufteilung 80/20 ist lediglich als Faustregel zu verstehen. Wichtig ist, dass ein deutliches Ungleichgewicht zwischen Kern- und Ergänzungsinvestments besteht. Ein eher konservativ ausgerichtetes Portfolio kann beispielsweise 90/10 aufgeteilt sein, eine spekulative Anlage 70/30.

Growth-Strategie

Hier wird in Aktien von Unternehmen investiert, von denen ein langfristiges Wachstum erwartet wird. Du setzt also auf wachstumsstarke Werte aus bestimmten Branchen. Hier gilt es, die stärksten Player einer Branche ausfindig zu machen und in sie zu investieren. Häufig findet man diese Strategie bei Investitionen in Start-ups wieder, da bei diesen eine große Wachstumsdynamik erwartet wird.

Value-Strategie

Anleger*innen, die nach dieser Strategie ihre Aktien auswählen, nutzen als Basis eine genaue Analyse der betriebswirtschaftlichen Daten des entsprechenden Unternehmens, um die zukünftige Wertsteigerung festzustellen. Ziel ist es, aus aktuellen Werten von Unternehmen diejenigen aus einer Branche herauszufiltern, die auf eine Unterbewertung hinweisen. Diese Strategie erfordert viel Wissen und Vorkenntnisse und ist sehr langfristig ausgelegt.

WIE FINDE ICH MEINE ANLAGETHEMEN?

Beispielhaft nutzen wir für die Zusammenstellung deines Portfolios die Core-Satellite-Strategie. Sie soll dazu dienen, die nächsten Schritte greifbarer zu machen, sodass du ein Portfolio zusammenstellen kannst. Dies muss aber nicht bedeuten, dass dies auch deine Strategie für die reale Anlage wird. Sie soll dir lediglich ein Indikator sein.

Wie so oft gibt es auch für die Core-Satellite-Strategie keinen allgemeingültigen Ansatz. Eine Möglichkeit ist eine Investition, die deine ganz persönlichen Interessen, Zukunftserwartungen und Werte im Depot widerspiegelt. Das können beispielsweise Trendthemen sein, von denen verschiedene Wirtschaftssektoren in besonderem Maße profitieren könnten. Wir stellen dir mögliche Satelliten vor. Es können aber auch je nach Interessen ganz andere sein.

Nachhaltigkeit

Nachhaltigkeit hat sich vom Trendthema zum Lebensgefühl einer ganzen Generation gemausert. Beim Einkaufen vergleichen wir nicht mehr nur die Preise, sondern die Inhaltsstoffe, wir halten nach Bio-Alternativen oder regionalen Angeboten Ausschau, verzichten immer häufiger auf Fleisch, vermeiden Müll und nehmen öfter mal das Rad. Die Wirtschaft reagiert auf diesen Wertewandel.

So sorgt der Umstieg auf Elektromobilität etwa dafür, dass die Nachfrage nach Batteriesystemen, Ladevorrichtungen und Produkten rund um die Ladeinfrastruktur steigt. Und so profitieren noch weitere Branchen direkt oder indirekt vom Thema Nachhaltigkeit. Mit Aktien kannst du dich am Erfolg beteiligen und gleichzeitig Gutes tun.

Eine andere Möglichkeit für mehr Nachhaltigkeit im Depot ist eine Beteiligung an Unternehmen, die zwar selbst keine nachhaltigen Güter herstellen, aber im Vergleich zu ihrer Konkurrenz besonders umsichtig wirtschaften. Mehr dazu im Kapitel »Nachhaltigkeit bei der Geldanlage« (Seite 107 ff.).

Gesundheit

Der demografische Wandel verändert unsere Gesellschaft. Es dauert nicht mehr lange, bis mehr als die Hälfte der Bevölkerung über 50 Jahre alt sein wird. Ältere Menschen geben einen großen Anteil ihres Einkommens für Gesundheit und Wohlbefinden aus. Davon profitieren Unternehmen wie Pharmakonzerne, Medizintechniker und Pflegeheimbetreiber, und zwar unabhängig davon, wie sich der Rest der Wirtschaft entwickelt. Selbst wenn die Konjunktur lahmt, werden Pflege und Medizin immer gebraucht.

Infrastruktur

Immer mehr Menschen weltweit zieht es in die Städte. Die Folge: Es entstehen Mega-Metropolen, die nur mit einer modernen Infrastruktur funktionieren können. Für Anleger*innen ergeben sich dadurch jede Menge Investitionsmöglichkeiten. Neben den Klassikern wie Bauunternehmen, Ver- und Entsorger und Infrastrukturunternehmen stehen auch Investments aus dem Bereich Nachhaltigkeit auf dem Plan. So sind beispielsweise energieeffiziente Gebäude gefragt, um die Ökobilanzen der Großstädte auszugleichen.

Digitalisierung

Digitalisierung, Robotik und künstliche Intelligenz sind aus keinem Lebensbereich mehr wegzudenken. Spannend für Anleger*innen sind Unternehmen, die verstärkt in Forschung und Entwicklung im Bereich Digitalisierung investieren. Diese sind unter anderem in den Branchen Automobil, Medizintechnik, Maschinenbau oder Feinmechanik zu finden. Auch Unternehmen, die die Digitalisierung überhaupt erst möglich machen, profitieren von diesem Megatrend: So gäbe es ohne Chiphersteller weder Smartphones noch Elektroautos, und die Telekommunikation wäre undenkbar, gäbe es keine Netzwerkbetreiber.

Konsumtrends

Die Konsumgüterbranche ist eine stabile Bank für Investoren. Denn Güter des täglichen Bedarfs wie Waschmittel, Toilettenpapier oder Lebensmittel werden immer nachgefragt. Investments im Luxusbereich wie Schmuck, Designer-Kleidung oder hochwertige Möbel sind konjunktursensibler: Je stärker sich die Wirtschaftslage insgesamt entwickelt, desto höher die Nachfrage und umgekehrt. Beobachte doch einmal dein eigenes Einkaufsverhalten, dann wirst du sehr schnell eine ganze Reihe Investmentideen sammeln.

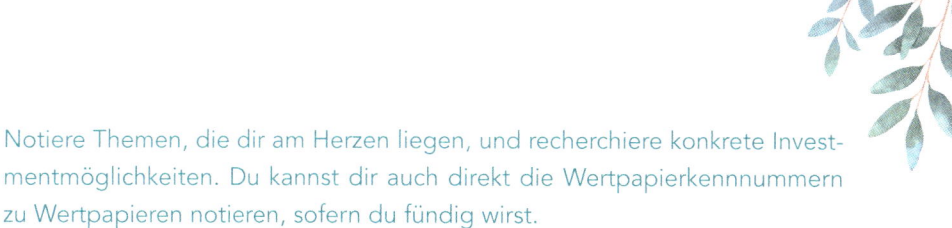

Notiere Themen, die dir am Herzen liegen, und recherchiere konkrete Investmentmöglichkeiten. Du kannst dir auch direkt die Wertpapierkennnummern zu Wertpapieren notieren, sofern du fündig wirst.

Thema:

Interessantes Investment dazu:

Thema:

Interessantes Investment dazu:

Thema:

Interessantes Investment dazu:

Thema: _____

Interessantes Investment dazu:

_____

_____

_____

Thema: _____

Interessantes Investment dazu:

_____

_____

_____

Hilfe bei der Anlage?
Es gibt online eine Reihe an Angeboten, die dich bei der Auswahl und Zusammenstellung eines Depots unterstützen. Bei comdirect kannst du zum Beispiel den AnlageAssistenten nutzen.

BAUE DEIN INDIVIDUELLES ANLAGE-UNIVERSUM

Es gibt eine Reihe an Strategien und sie können je nach Anlagehorizont, Ziel, Risikoprofil und weiteren Faktoren passend für dich sein oder aber auch nicht. Um beispielhaft ein Anlage-Universum zusammenzustellen, möchten wir im folgenden Abschnitt die Core-Satellite-Strategie nutzen. Du kannst natürlich auch eine andere Strategie anwenden.

Bei der Core-Satellite-Strategie bildet den Kern dein Portfolio, für welches du auf den vorigen Seiten deine Aktienquote festgelegt und deine Anlagethemen notiert hast. Ordne nun deine Investmentmöglichkeiten um dein Kerninvestment herum an. Um sicherzugehen, dass du die 80-20-Regel einhältst, notiere zu jedem Satelliten den Anteil, den er in deinem Portfolio ausmacht. Behalte außerdem im Blick, dass dein Satelliten-Portfolio ausreichend über verschiedenen Assetklassen diversifiziert ist.

Die Core-Satellite-Strategie eignet sich für diejenigen, die bereits etwas tiefer einsteigen und sich ein Portfolio selbst zusammenstellen wollen. Um die Einzelinvestments clever auswählen und kombinieren zu können, musst du dich aber sehr detailliert mit den Bedingungen auf den Märkten beschäftigen. Das kostet Zeit.

Prinzessinen schlafen auf Erbsen,
finanz-heldinnen auf Goldnuggets.

#FINANZHELDINNEN

Mein beispielhaftes Core-Satellite-Portfolio

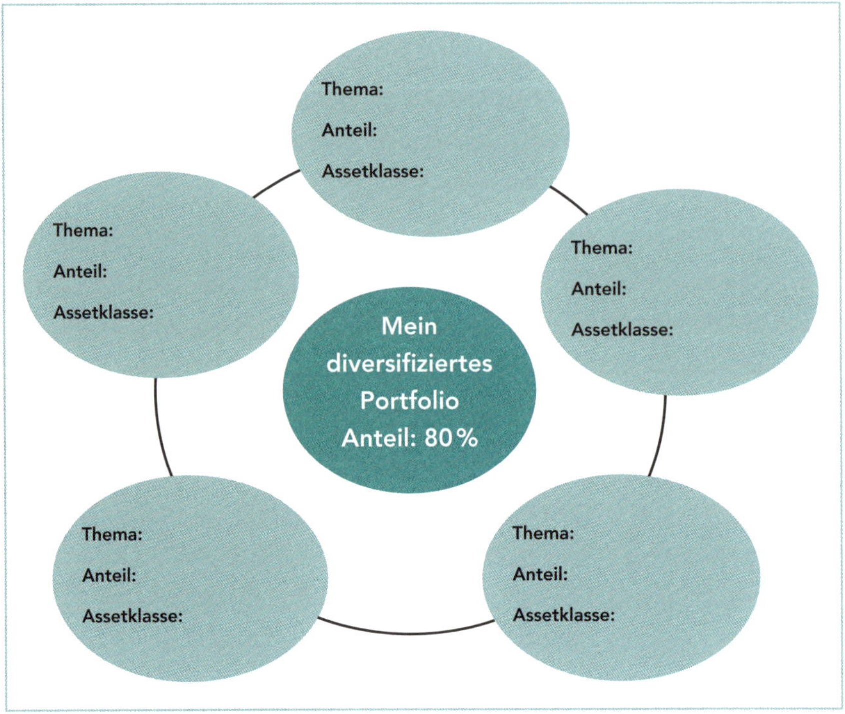

Thema:

Anteil:

Assetklasse:

Thema:

Anteil:

Assetklasse:

Thema:

Anteil:

Assetklasse:

Mein diversifiziertes Portfolio Anteil: 80 %

Thema:

Anteil:

Assetklasse:

Thema:

Anteil:

Assetklasse:

Meine Notizen:

REBALANCING – PRÜFEN UND ANPASSEN

Hast du dich für eine Asset Allocation entschieden, gilt es, im Zeitablauf darauf zu achten, dass diese Aufteilung erhalten bleibt. In der Regel entwickeln sich die verschiedenen Anlageklassen unterschiedlich, sodass die ursprüngliche Aufteilung über die Zeit nicht erhalten bleibt. Mal entwickeln sich Aktien besser, mal Anleihen – am Ende des Jahres hat sich die Gewichtung in deinem Portfolio sicher verschoben, mal mehr, mal weniger. Daher solltest du regelmäßig, als langfristig ausgerichtete Anlegerin jährlich oder alle zwei Jahre, prüfen, ob die Aufteilung noch der ursprünglichen Idee entspricht. Wie häufig du diesen Vorgang durchführst, hängt von dir persönlich und den Bewegungen in deinem Depot ab.

Natürlich ist es nicht entscheidend, die Gewichtung auf die Nachkommastelle genau häufig anzupassen, da dies immer Transaktionskosten mit sich bringt. Aber grobe Ungleichgewichte sollten ausgeglichen werden. So stellst du sicher, dass du dir nicht unabsichtlich ein zu hohes Risiko ins Depot holst. Diesen Vorgang nennt man *Rebalancing*. Schauen wir uns im Folgenden an, wie so etwas konkret aussehen könnte:

Fiktives Beispiel
Investitionssumme: 5.000 €
Bisherige Asset Allocation: 50 % Aktien und 50 % Anleihen
Wertentwicklung nach 1 Jahr:
Aktien +10 % → aus 2.500 € sind 2.750 € geworden
Anleihen +2 % → aus 2.500 € sind 2.550 € geworden
Neue Investitionssumme: 5.300 €

Neue Asset Allocation:
→ 52 % Aktien (2.750 / 5.300)
→ 48 % Anleihen (2.550 / 5.300)

Rebalancing

Ziel des Rebalancings ist es, die ursprüngliche Anlagequote wiederherzustellen. In unserem Beispiel 50–50. Um das zu erreichen, müsstest du die neue Investitionssumme zu je 2.650 Euro auf beide Assetklassen aufteilen.

→ Verkauf von Aktien im Wert von 100 €
→ Kauf von Anleihen im Wert von 100 €

Alternativ kannst du dein Rebalancing durch Zukäufe durchführen, sofern genug Geld auf deinem Anlagekonto liegt. In unserem Beispiel würdest du dann Anleihen im Wert von 200 Euro kaufen.

Jetzt bist du dran:

Meine Investitionssumme: _____ €

Meine Asset Allocation: _____ und _____

Meine Wertentwicklung nach 1 Jahr:

_____

_____

Neue Investitionssumme: _____ €

Meine neue Asset Allocation: _____ und _____

Mein Rebalancing: _____ und _____

Notizen:

_____

_____

NACHHALTIGKEIT BEI DER GELDANLAGE

Du möchtest Fonds oder Aktien kaufen und gleichzeitig etwas für die Umwelt oder die Gesellschaft tun? Das geht mit nachhaltigen Investments.

Inzwischen gibt es sowohl Investmentfonds und ETFs als auch Aktien und Anleihen von Unternehmen, die mit einem grünen Stempel daherkommen. Generell lassen sich dabei vier grundlegende Anlageansätze unterscheiden:

1. Gezielte Investitionen
Das Fondsmanagement konzentriert sich auf nachhaltig wirtschaftende Unternehmen oder Branchen aus einem bestimmten Bereich, zum Beispiel erneuerbare Energien.

2. Ausschlusskriterien
Investmentfonds, ETFs und Einzelanleger*innen investieren von vornherein nicht in Unternehmen, die ihr Geld zum Beispiel mit Waffen, Atomkraft oder Kinderarbeit verdienen.

3. Best-in-Class
Die Anbieter suchen Firmen aus, die in ihrer Branche in Sachen Umwelt- und / oder Sozialstandards eine Vorreiterrolle einnehmen.

4. Engagement
Die Fondsgesellschaft tritt in den direkten Dialog mit Aktiengesellschaften oder nutzt sein Aktionärsstimmrecht dazu, um Umwelt- oder Sozialstandards in die Unternehmenspolitik zu integrieren.

Nachhaltigkeitssiegel und -indizes

Schwierig ist allerdings, dass sich auf den ersten Blick nicht erkennen lässt, wie nachhaltig die Produkte wirklich sind. Der Begriff Nachhaltigkeit ist nämlich nicht geschützt und es gibt bislang noch keine rechtlichen Regeln, ab wann sich zum Beispiel ein Fonds nachhaltig nennen darf.

Immerhin stehen dir aber ein paar Orientierungshilfen zur Verfügung. Zum einen wurden mit den **ESG-Kriterien** in der Finanzwelt anerkannte Nachhaltigkeitsstandards entwickelt. Dabei steht »E« für Environment, »S« für Social und »G« für Governance, also eine nachhaltig ausgelegte Unternehmensführung. Alternativ kannst du dich an den »Sustainable Development Goals« (**SDG**) der Vereinten Nationen orientieren. Diese Ziele umfassen 17 ökonomische, ökologische und soziale Handlungsfelder für eine nachhaltige Entwicklung in Politik, Wirtschaft und Gesellschaft.

Hier eine Auflistung der gängigsten Nachhaltigkeitssiegel und -indizes:

Das **FNG-Siegel** (Forum Nachhaltige Geldanlagen, fng-siegel.org) erhalten Fondsanbieter, wenn sie unter anderem nachweisen, dass 90 Prozent der Titel im Portfolio nach ESG analysiert sind, und für die Unternehmen tabu sind, die mit Waffen oder Atomkraft Geld verdienen oder schwerwiegend gegen Menschenrechte oder Umweltschutz verstoßen.

Für das **ECOreporter-Siegel** (ecoreporter.de) untersuchen Expert*innen sowohl das Nachhaltigkeitsprofil, das der jeweilige Produktanbieter für sich definiert hat, als auch, ob er diese Kriterien tatsächlich erfüllt.

Auch den deutschen Leitindex Dax gibt es seit Anfang März 2020 als nachhaltige Variante. Der **Dax 50 ESG-Index** enthält das nachhaltigste aus dem HDax mit rund 100 Werten. Der HDax setzt sich zusammen aus Dax, MDax und TecDax. Bei der Indexerstellung werden die Ausschlusskriterien angewandt, die den »UN Global Compact«-Prinzipien folgen und außerdem produktbasierte Ausschlusskriterien, die Waffen, Tabak, Kohle, Kernkraft und militärische Verträge umfassen. Aus den daraus resultierenden Werten wird eine Rangliste

gebildet – nach Marktkapitalisierung, Börsenumsatz und ESG-Bewertung von Sustainalytics, einem der weltweit führenden Anbieter von ESG-Research, Ratings und Daten. Von dieser Liste werden die Top-50-Werte für den Index ausgewählt.

Die **Dow Jones Sustainability Indices** (eu.spindices.com) helfen Anleger*innen, die direkt in Aktien investieren wollen. Die Indexfamilie besteht aus insgesamt 40 Indizes mit unterschiedlichen Ausrichtungen auf bestimmte Länder und Regionen. Hier werden nur börsennotierte Unternehmen gelistet, die bestimmte ökonomische, ökologische und soziale Kriterien erfüllen.

Der **Global Challenges Index** (gcindex.boersenag.de) der Börse Hannover umfasst 50 Unternehmen, die substanziell dazu beitragen, die großen globalen Herausforderungen unserer Gesellschaft zu bewältigen.

So gehst du deine nachhaltige Geldanlage an

Stelle dir, bevor du dich entscheidest, folgende Fragen. Sie können dich bei der Identifikation für einen passenden Investmentfonds, einen ETF, eine eine Anleihe oder das passende Unternehmen unterstützen, in welches du investieren möchtest.

- ☐ Hat der Fonds ein Siegel? Wenn ja, welches?
- ☐ Was genau sagt das Siegel aus? Was muss der Fonds erfüllen, um das Siegel zu bekommen?
- ☐ Welche Anlagestrategie und welchen Nachhaltigkeitsansatz verfolgt der Fonds?
- ☐ Passt das Produkt generell zu deiner Anlagementalität?
- ☐ Passt die Risikoausrichtung in dein Portfolio?

DIGITAL IST ÜBERALL –
AUCH IN DER GELDANLAGE

Geldanlage per Robo-Advisor wird immer beliebter. Kein Wunder, denn die digitalen Assistenten sparen Zeit und Nerven und bieten professionelles Vermögensmanagement für kleines Geld.

Geldanlage erfordert Zeit. Risiken abschätzen, Wertpapiere auswählen, Kurse beobachten, kaufen und verkaufen und hin und wieder das ungute Gefühl, vielleicht doch eine Chance verpasst oder eine Gefahr zu spät erkannt zu haben. Diesen Aufwand kannst du ganz einfach in professionelle Hände übergeben, beispielsweise in einen Robo-Advisor.

30 Robos gibt es laut dem Magazin »extraETF« bereits in Deutschland – Tendenz steigend. Dass dieses Magazin sich die Robos genauer angeschaut und getestet hat (den Test findest du hier: extraetf.com / robo-advisor), hat einen Grund: Die digitalen Vermögensverwalter investieren überwiegend in börsengehandelte Indexfonds.

Bekanntester und größter Robo ist **Scalable Capital**. 23 Risikostrategien und damit Depots bieten die Experten an. Welches Portfolio zu dir passt, wird wie bei allen anderen Robos auch mit einem Online-Fragebogen ermittelt. Ab 10.000 Euro kannst du bei Scalable investieren. Auch bei **Solidvest** von der Vermögensverwaltung DJE Capital musst du mindestens 10.000 Euro anlegen. Klingt viel? Bei **Liqid** ist die Mindestanlagesumme sogar noch viel höher. Die digitale Vermögensverwaltung des **Family Offices HQ Trust** – HQ steht für Harald Quandt und damit die Quandt-Familie, die bei HQ Trust ihr Milliardenvermögen verwaltet – kannst du ab 100.000 Euro bekommen.

Um **cominvest**, den Robo von comdirect, zu nutzen, benötigst du lediglich ein separates Depot, das du online eröffnest, sowie eine Anlagesumme von mindestens 3.000 Euro. Die Bedienung ist denkbar einfach: Anhand eines Fragenkatalogs zu beispielsweise Anlagezielen, Risikopräferenzen und deiner Vermögenssituation wird zunächst dein persönliches Chance- / Risikoprofil ermittelt. Passend dazu schlägt der Robo dir eine Anlagestrategie vor. Insgesamt gibt es bei cominvest fünf Strategien, die sich insbesondere in den Schwankungsbreiten (Volatilitäten ➙ Seite 173) unterscheiden. Je höher die Volatilität, desto höher ist das Risiko und damit auch indirekt die mögliche Verlusthöhe, desto höher sind aber auch die Renditechancen. Die defensivste cominvest-Strategie erlaubt beispielsweise höchstens einen Anteil von 10 Prozent in der Anlageklasse Aktien, der Rest des Portfolios wird in schwankungsärmere Anleihen oder am Geldmarkt investiert. Die maximal zulässige Volatilität liegt hier bei 4 Prozent. Zum Vergleich: Die offensivste Strategie von cominvest erlaubt Schwankungen bis zu 20 Prozent. Das Portfolio enthält hier mindestens 40 Prozent Aktien.

Gemeinsam oder allein?

Je nachdem, wie viel Mitbestimmung dir wichtig ist, kannst du bei cominvest zwischen zwei Varianten wählen. Beim Modell »Wir für Sie« gibst du deine Vermögensanlage vollständig an den Robo ab. Sobald der Algorithmus einen Handlungsbedarf erkennt, wird er für dich umgesetzt. Du erhältst dann lediglich eine Information, welche Anpassungen in deinem Depot vorgenommen wurden. Möchtest du jedoch mitentscheiden, dann wählst du die Variante »Wir gemeinsam«. Du bekommst konkrete Handlungsempfehlungen, entscheidest aber selbst, ob diese umgesetzt werden sollen oder nicht.

Ein Roboter kennt keine Gefühle

Anders als der Mensch, hat ein Robo-Advisor kein Bauchgefühl, das ihn bei der Geldanlage in die Irre führen könnte. Seine Kauf- und Verkaufssignale sind das Ergebnis eines computerbasierten Algorithmus, dem er automatisch folgt. Dafür muss der Robo permanent ein riesiges Wertpapieruniversum und die Entwicklung der globalen Anlageklassen im Auge behalten. Je nach Anbieter können das mehrere Tausend Finanzprodukte auf der ganzen Welt sein. Darunter sind bei cominvest Indexfonds (ETFs), ETCs (➙ Seite 167), also börsengehandelte Fonds, mit denen man in Rohstoffe investiert, und aktiv gemanagte Investmentfonds. Selbst sehr guten Bankberater*innen würde es nicht gelingen, ununterbrochen eine solche Bandbreite an Chancen und

Risiken zu erfassen. Eine Garantie, dass der Robo-Advisor immer richtig liegt, gibt es dennoch nicht. Negative Kursentwicklungen können zu Verlusten bei der Geldanlage in Wertpapiere führen.

Geldanlage ganz ohne menschliches Zutun?
Die Geldanlage komplett einem Algorithmus anzuvertrauen, kann allerdings ungewohnt sein. Daher setzt cominvest beispielsweise auf die Verbindung von Mensch und Maschine. So kontrollieren die Finanzexpert*innen von cominvest unter anderem alle Anlagevorschläge des Robos und sichern die Qualität der Systementscheidungen. Und für den persönlichen Kontakt stehen immer menschliche Ansprechpartner für Rückfragen und deine Anliegen zur Verfügung.

Du bist dir unsicher, ob eine digitale Vermögensverwaltung für dich infrage kommt? Wenn du dich in folgenden Statements wiederfindest, kann ein Robo-Advisor die richtige Wahl sein:

Ich möchte Zeit sparen und mich so wenig wie möglich um meine Vermögensanlage kümmern.	☐
Ich suche eine Geldanlage, die zu meinen Bedürfnissen passt. Sie soll mir einen einfachen Einstieg in die Welt der Wertpapiere für eine geringe Anlagesumme bieten.	☐
Ich lege großen Wert auf eine breite Diversifikation und eine börsentägliche Risikokontrolle. Und das unabhängig, regelbasiert und emotionslos.	☐

→ ZIEHE EINE ZWISCHENBILANZ ←

Notiere dir, wie du durch diesen Teil des Buches gekommen bist. Was hast du bisher gelernt? In welche Themen willst du noch tiefer einsteigen? Fühlst du dich bereit für deine erste Anlage? Wenn nein, notiere dir, welcher Input dir noch fehlt.

Notiere deine Gedanken hier:

JETZT GEHT ES LOS – WERTPAPIERE KAUFEN

Stelle nun schon einmal einen Drink kalt. Denn es ist so weit und du bist bereit für deine erste Investition: Herzlichen Glückwunsch! Dein Depot ist startklar, und du stehst vor einer endlos großen Auswahl an Wertpapieren. Du fragst dich, wie du dich in diesem Aktien-Dschungel zurechtfinden sollst? Keine Sorge, wir helfen dir bei der Orientierung im Dickicht.

DIE ZEHN WICHTIGSTEN REGELN
BEI DER GELDANLAGE

1. Nicht nur auf Sicherheit setzen

Du hast es am »magischen Dreieck« gesehen: keine Rendite ohne Risiko. Finde für dich den passenden Mix.

2. Nicht alles auf eine Karte setzen

Diversifikation, also die Verteilung deines Vermögens auf verschiedene Anlageprodukte mit möglichst unterschiedlichen Charakteristika, ist das A und O bei der Geldanlage.

3. Notgroschen zurücklegen

Einen Teil deines Vermögens (Faustregel: drei Netto-Monatsgehälter) solltest du für Notfälle zurücklegen.

4. Nicht zu gutgläubig sein

Auch hier hilft ein Blick auf das »magische Dreieck«: Die eierlegende Wollmilchsau, also eine sichere Geldanlage, auf die du jederzeit zugreifen kannst und die dennoch eine hohe Rendite abwirft, gibt es nicht.

5. Auf die Kosten achten

Depotgebühren, Ausgabeaufschläge, Orderkosten, Fondsgebühren … da kann ganz schön was zusammenkommen. Vergleichen lohnt sich also.

6. Deinen Typ berücksichtigen

Ob sicherheits- oder chancenorientiert – langfristig wirst du mit deiner Geldanlage nur glücklich, wenn sie zu dir passt.

7. Nur kaufen, was du auch verstehst

Es gibt keine dummen Fragen – erst recht nicht bei der Geldanlage. Solltest du ein Produkt nicht verstehen: Finger weg.

8. Emotionen vermeiden

Kaufen, wenn die Kurse hoch sind – weil es alle machen und dich die Gier packt? Oder verkaufen, weil der Kurs gerade nach unten geht und du panisch wirst? Emotionen sind ein schlechter Ratgeber. Stattdessen solltest du deine langfristigen Ziele im Blick behalten – und einen kühlen Kopf bewahren.

9. An Nieten festhalten

Kursschwankungen sind an der Börse normal. Aber wenn ein Titel dauerhaft an Wert verliert, solltest du die Reißleine ziehen. Setze dir feste Grenzen, die ein Wert nicht unterschreiten sollte.

10. Nichts tun

Gar nicht erst anfangen oder, nachdem du in Wertpapiere investiert hast, dich nicht mehr damit beschäftigen. Beides sind keine guten Ideen. Bleibe am Ball und schaffe dir eine Finanz-Routine.

SO INVESTIERST DU

Du kaufst zum ersten Mal eine Aktie oder legst einen Sparplan an? Keine Angst, wir begleiten dich Schritt für Schritt und geben dir im Folgenden wertvolles Handwerkszeug an die Hand. Wir zeigen dir, welche Klicks es benötigt, um eine Aktie zu kaufen oder einen Wertpapiersparplan anzulegen. Dabei nutzen wir als Beispiel das Depot von comdirect. Bei anderen Anbietern funktioniert es jedoch recht ähnlich. Es können aber auch Unterschiede auftreten, wie zum Beispiel die Höhe der Sparrate, die du bei einem Wertpapiersparplan anlegen kannst.

Wie richte ich einen Sparplan ein?

Vorab musst du Folgendes erledigt haben:

- ☑ Übersicht über Finanzen
- ☑ Sparplanfähigen Fonds, ETF oder Aktie für Sparplan ausgewählt
- ☑ Höhe der Sparrate definiert

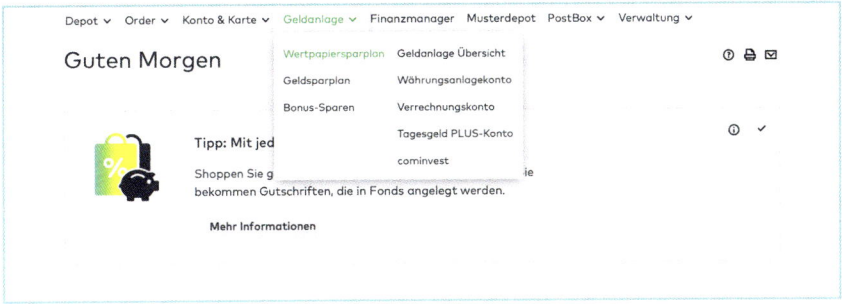

→ Login
→ Persönlicher Bereich → Geldanlage → Wertpapiersparplan

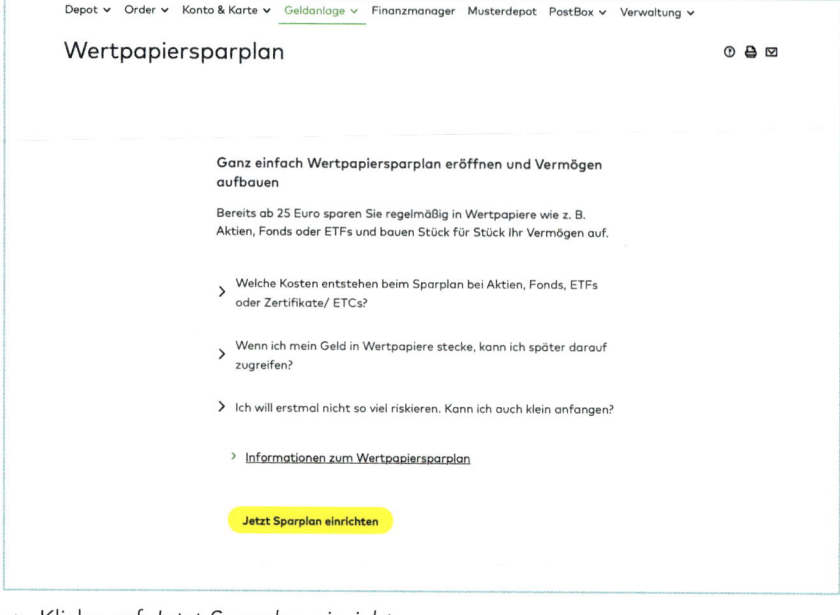

Ganz einfach Wertpapiersparplan eröffnen und Vermögen aufbauen

Bereits ab 25 Euro sparen Sie regelmäßig in Wertpapiere wie z. B. Aktien, Fonds oder ETFs und bauen Stück für Stück Ihr Vermögen auf.

> Welche Kosten entstehen beim Sparplan bei Aktien, Fonds, ETFs oder Zertifikate/ ETCs?

> Wenn ich mein Geld in Wertpapiere stecke, kann ich später darauf zugreifen?

> Ich will erstmal nicht so viel riskieren. Kann ich auch klein anfangen?

> Informationen zum Wertpapiersparplan

Jetzt Sparplan einrichten

→ Klicke auf *Jetzt Sparplan einrichten.*

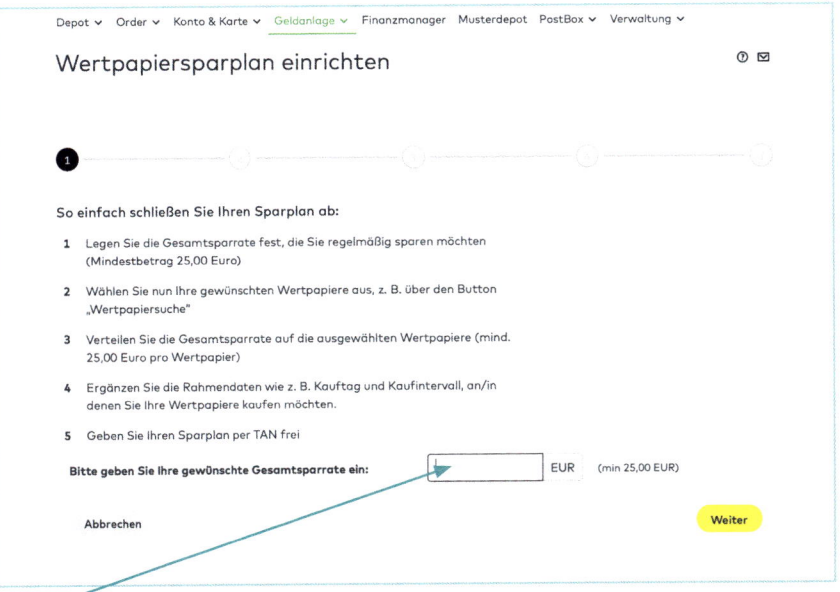

↪ Hier gibst du deine Sparrate ein.

↪ Dann klicke auf *Weiter*.

Die **Sparrate** ist der Betrag, den du monatlich in deinen Wertpapier-sparplan investieren möchtest. Bei comdirect beginnt der Wertpapier-sparplan mit einer Mindestrate von 25 Euro pro Wertpapierkennnum-mer. Möchtest du zum Beispiel zwei verschiedene Wertpapiere in einem Sparplan besparen, so beträgt deine Sparrate mindestens 50 Euro. 25 Euro für Wertpapier 1 und 25 Euro für Wertpapier 2. Du kannst auch zum Beispiel bei zwei Wertpapieren 80 Euro monatlich besparen. Den jeweiligen Sparanteil kannst du innerhalb der 80 Euro selbst definie-ren. Wichtig ist nur, dass jedes der beiden Wertpapiere mit mindestens 25 Euro bespart wird.

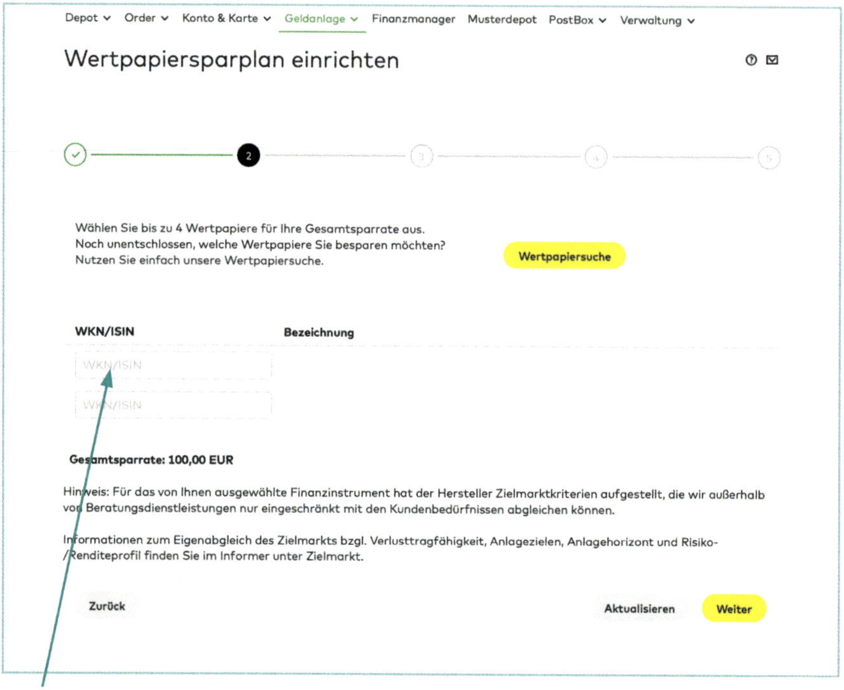

Wertpapiersparplan einrichten

Wählen Sie bis zu 4 Wertpapiere für Ihre Gesamtsparrate aus.
Noch unentschlossen, welche Wertpapiere Sie besparen möchten?
Nutzen Sie einfach unsere Wertpapiersuche.

Wertpapiersuche

WKN/ISIN   **Bezeichnung**

WKN/ISIN

WKN/ISIN

Gesamtsparrate: 100,00 EUR

Hinweis: Für das von Ihnen ausgewählte Finanzinstrument hat der Hersteller Zielmarktkriterien aufgestellt, die wir außerhalb von Beratungsdienstleistungen nur eingeschränkt mit den Kundenbedürfnissen abgleichen können.

Informationen zum Eigenabgleich des Zielmarkts bzgl. Verlusttragfähigkeit, Anlagezielen, Anlagehorizont und Risiko-/Renditeprofil finden Sie im Informer unter Zielmarkt.

Zurück   Aktualisieren   **Weiter**

→ Hier gibst du die Wertpapierkennnummer ein.
→ Dann klicke auf *Weiter*.

Wertpapiere haben eine Nummer – die **Wertpapierkennnummer** (WKN). Anhand dieser Nummer ist das Wertpapier eindeutig identifizierbar. So kann es nicht zu Verwechslungen beim Handel kommen. Der Handel an den Börsen findet ausschließlich anhand dieser Nummern statt.

 Wenn du deine Order erfasst, prüfe ganz genau, bevor du sie freigibst, dass dir bei der Eingabe der WKN kein Fehler unterlaufen ist.

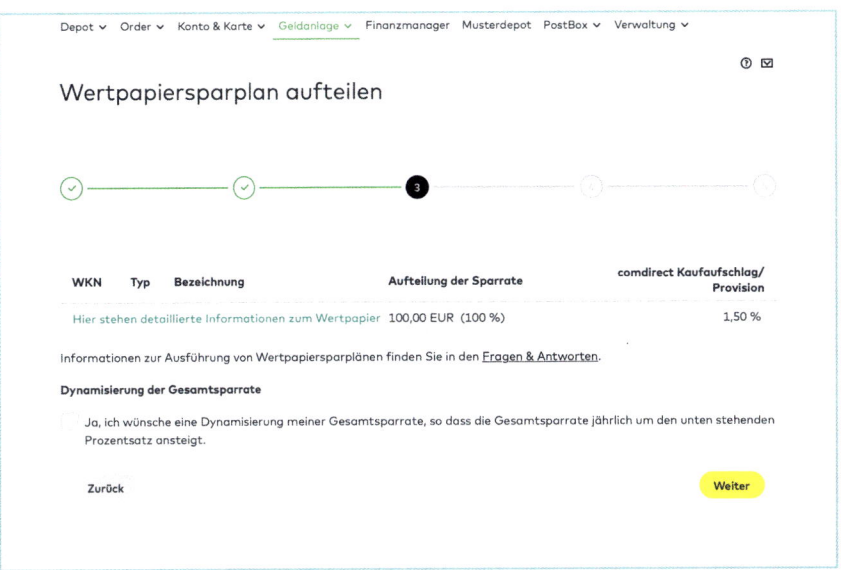

→ Klicke unter Dynamisierung der Gesamtsparrate auf *Ja*, wenn du möchtest, dass deine Sparrate jährlich angepasst wird.

→ Dann klicke auf *Weiter*

Alle wichtigen und rechtlich erforderlichen Dokumente zu einem Wertpapier – beim Fonds zum Beispiel wesentliche Anlegerinformationen, Halb- und Jahresberichte, findest du bei comdirect zum Beispiel auf der Website im Informer. Deshalb brauchst du nichts papierhaft anzufordern.

So sieht zum Beispiel ein Verkaufsprospekt aus:

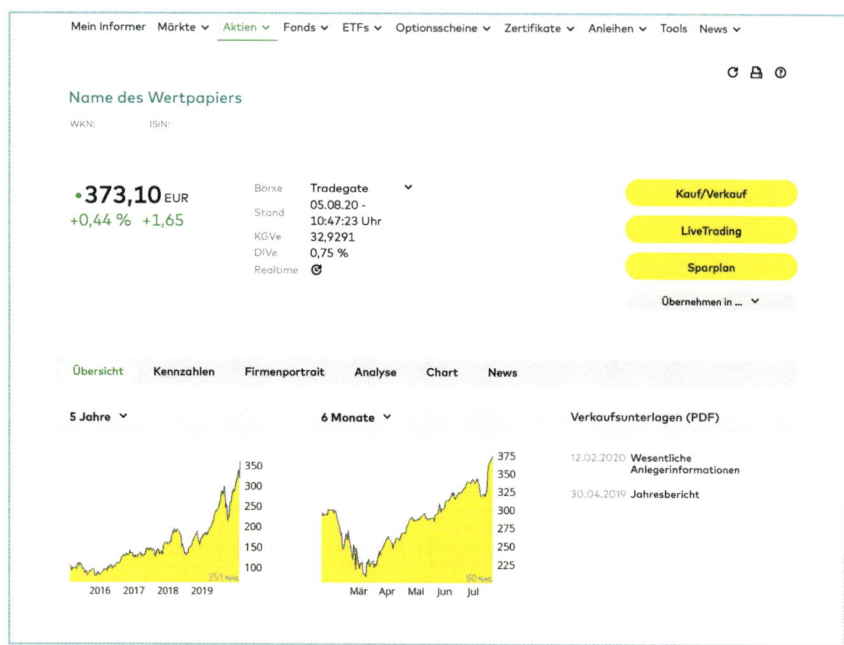

Du kannst meist gleich auf der Startseite der Website deines Online-Brokers die WKN eingeben und erhältst dann obige Ansicht. Unter Verkaufsunterlagen findest du alle PDFs zum Produkt.

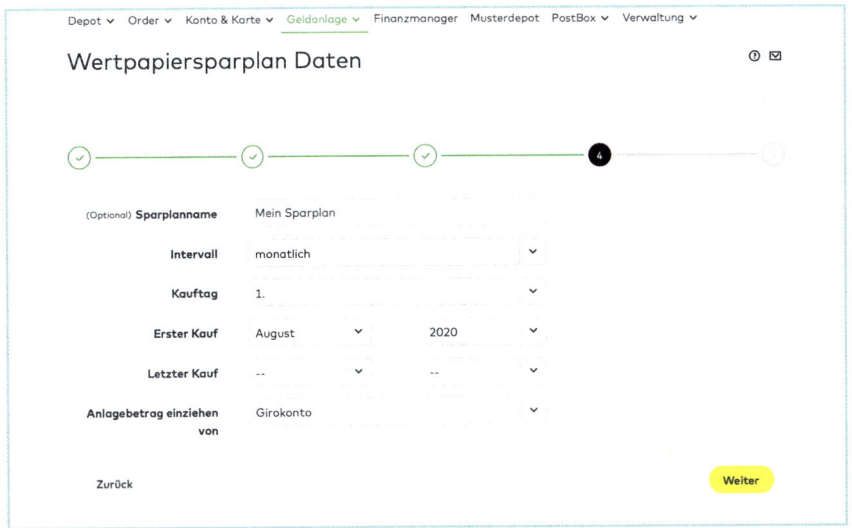

Wertpapiersparplan Daten

(Optional) **Sparplanname**	Mein Sparplan
Intervall	monatlich
Kauftag	1.
Erster Kauf	August 2020
Letzter Kauf	-- --
Anlagebetrag einziehen von	Girokonto

Zurück   Weiter

→ **Sparplanname:** Den Namen deines Wertpapiersparplans kannst du ganz individuell vergeben. Wenn du möchtest, benenne ihn zum Beispiel nach deinem Sparziel. Das kann »Neuseeland 2033« oder »Altersvorfreude« sein. Bestimmt kennst du das aus eigener Erfahrung: Hat man ein festes Ziel vor Augen, ist der Ansporn, es zu erreichen, oft deutlich höher.

→ **Intervall:** Hier kannst du wählen, ob dein Sparplan jeden Monat, alle zwei oder alle drei Monate ausgeführt werden soll. Wichtig: Ein Wertpapiersparplan ist immer eine mittel- bis langfristige Geldanlage. Wenn du kannst, lass deinen Sparplan monatlich ausführen. So kommst du deinem Ziel jeden Monat ein Stück näher. Und du profitierst in der Regel noch stärker vom Cost-Average-Effect. Da die Kurse schwanken, kaufst du hierbei für deine Sparrate mal mehr und mal weniger Anteile. Bei regelmäßigen Einzahlungen über einen längeren Zeitraum profitierst du davon. So kaufst du nämlich zu einem »Durchschnittskurs«.

→ **Kauftag:** Bei comdirect kannst du aus vier vorgegebenen Tagen auswählen. Wenn du zum Beispiel dein Gehalt zum Monatsanfang bekommst, könntest du den Sparplan zum 1. oder 7. des Monats ausführen lassen. Das entscheidest du aber ganz allein, so, wie du es möchtest.

→ **Erster Kauf:** Hier gibst du den Monat und das Jahr an, zu dem dein Wertpapiersparplan das erste Mal ausgeführt werden soll.

→ **Letzter Kauf:** Diese Eingabe ist optional. Wenn du zum Beispiel vier Jahre auf ein neues Auto sparen möchtest, kannst du den Monat und das Jahr festlegen, in dem dein Wertpapiersparplan zum letzten Mal ausgeführt werden soll. Gibst du nichts ein, ist das nicht schlimm. Dann sparst du einfach fleißig weiter.

→ **Anlagebetrag einziehen:** Hier gibst du an, von welchem Konto deine Sparrate eingezogen werden soll:

→ Dann klickst du auf *Weiter*.

 Du musst deinen Wertpapiersparplan nicht kündigen. Wenn du – um bei dem Beispiel zu bleiben – nach vier Jahren das Geld für das neue Auto gespart hast, verkaufst du ganz einfach die Anteile des Wertpapiers aus dem Sparplan. Und sofort und völlig bequem kannst du das nächste finanzielle Ziel ins Visier nehmen.

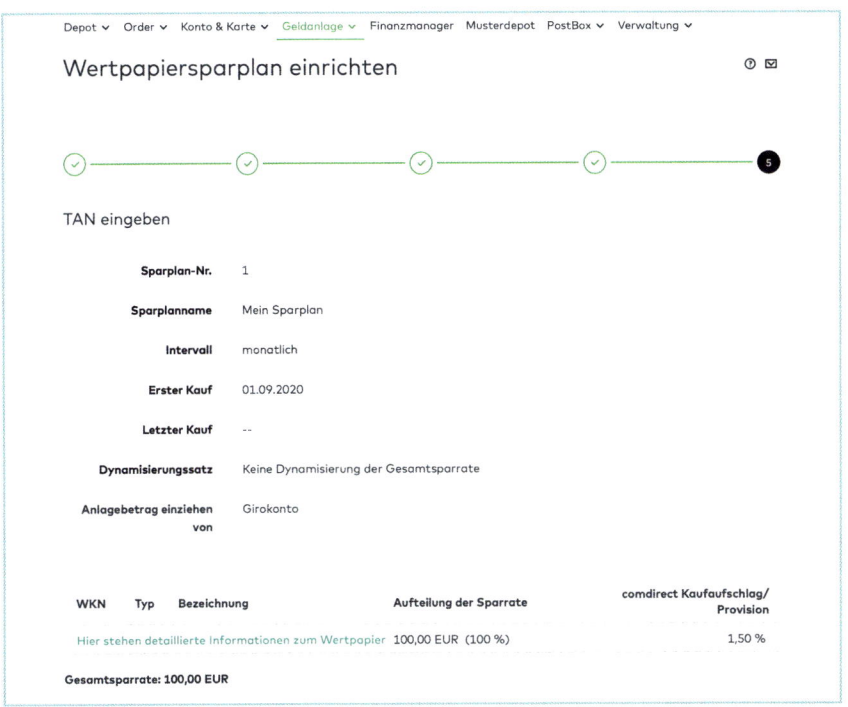

→ Hier bekommst du nochmals eine Übersicht über deinen neuen Wertpapiersparplan.

→ Zum Schluss gibst du den Vorgang mit einer TAN frei.

Herzlichen Glückwunsch – du hast deinen Sparplan nun eingerichtet!

Wie kaufe ich eine Aktie?

Vorab musst du Folgendes erledigt haben:
- ☑ Übersicht über Finanzen
- ☑ Höhe der Anlage definieren
- ☑ Aktie auswählen

Tipp zur Auswahl von Aktien:

Im comdirect Informer kannst du dich unter *Auf einen Blick* über Aktienkurse und relevante Informationen für die Auswahl einer Aktie informieren. Im *Aktien Finder* kannst du nach dem *Login* nach passenden Aktien suchen.

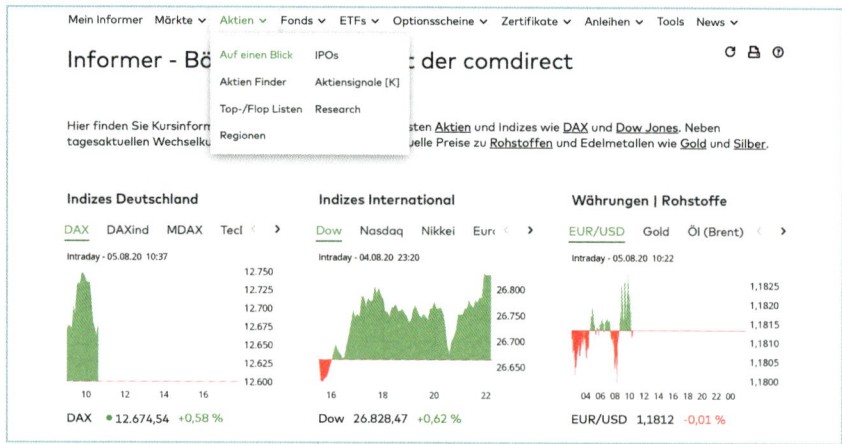

→ Persönlicher Bereich → Order → Inlandsorder

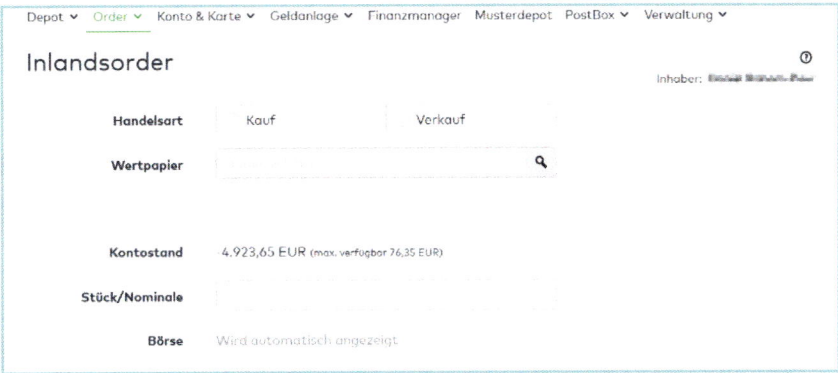

→ Als Erstes klickst du auf *Kauf*.

→ Dann gibst du die *Wertpapierkennnummer* (WKN) ein.

→ Als Nächstes gibst du die *Stückzahl* ein, die du kaufen möchtest.

Stückzahl: Du weißt ja, wie viel Geld du in das Wertpapier investieren möchtest. Und du kennst den Kurs der Aktie, die du kaufen möchtest. Wenn du nun den Betrag durch den Kurs teilst – hier reicht eine Überschlagsrechnung – dann weißt du, welche Stückzahl du in die Ordermaske eingibst. Du kannst an der Börse nur ganze Stücke kaufen. Runde deshalb immer auf oder ab.

Beispiel: Der Kurs deiner Aktie beträgt 45 Euro. Dein Investment 500 Euro. → 500 / 45 = 11 Stück

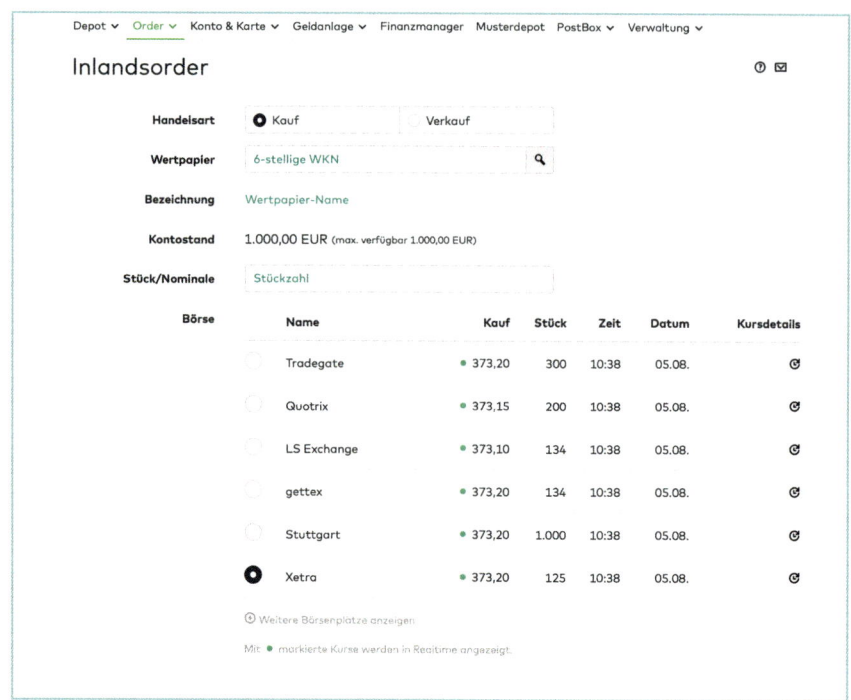

→ Aus der Anzeige der Börsenplätze wählst du den Platz, an dem du handeln möchtest.

Auswahl des Börsenplatzes:

Die Börse ist der Marktplatz, wo du deine ausgewählte Aktie kaufen möchtest. So, wie du Milch in unterschiedlichen Supermärkten kaufen kannst, wird auch eine Aktie meist an mehreren Börsen angeboten. Und das häufig zu einem sehr ähnlichen Preis. Abweichungen kann es allerdings immer geben.

In Deutschland wird an den Börsen in Berlin, Düsseldorf, Hamburg-Hannover, München, Stuttgart und Frankfurt gehandelt. In Frankfurt ist zudem das elektronische Handelssystem **Xetra** (➜ Seite 173). Des Weiteren gibt es noch die elektronischen Wertpapierbörsen **Tradegate Exchange** (➜ Seite 172) sowie **gettex, Quotrix** und **LS Exchange.**

Bei der Auswahl des passenden Handelsplatzes sind bestimmte Parameter wie zum Beispiel gehandelte Stückzahl, fortlaufende Kurse und natürlich auch der Spread, also die Differenz zwischen dem Ankaufs- und dem Verkaufspreis, zwischen Geld- und Briefkurs relevant. Dies beeinflusst den Kaufs- oder Verkaufspreis und damit die Gewinn- oder Verlustspanne, die du einfahren kannst.

Übrigens:

↪ Der **Geldkurs** beschreibt den Kurs, zu dem ein Wertpapier gesucht oder gekauft wird.

↪ Der **Briefkurs** beschreibt den Kurs, zu dem ein Wertpapier angeboten oder verkauft wird.

Um an einem Börsenplatz handeln zu dürfen, zahlst du, zusätzlich zu der Orderprovision, ein börsenplatzabhängiges Entgelt. Dieses kann von Börse zu Börse unterschiedlich hoch sein. Ist also der Kurs relativ identisch, das gehandelte Volumen auch, dann kann auch das börsenplatzabhängige Entgelt ein Auswahlkriterium sein.

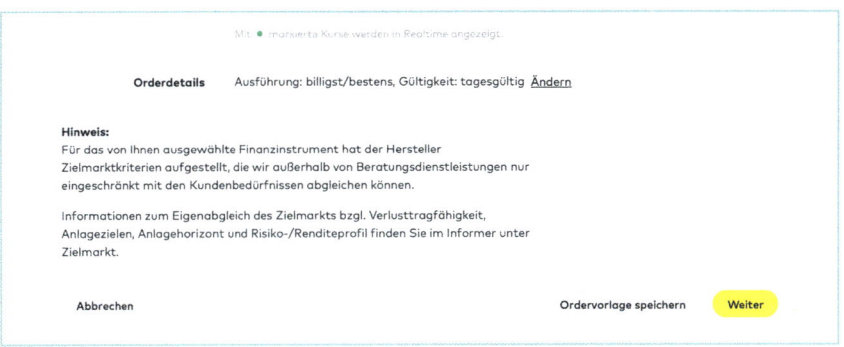

↪ Nach der Auswahl des Börsenplatzes geht es um die Orderdetails. Voreingestellt ist *billig/bestens* und *tagesgültig*.

↪ Möchtest du zum Beispiel ein Limit (↪ Seite 169) eingeben, klickst du auf *Ändern* und gibst dein Limit im zusätzlichen Eingabefeld ein. Die Gültigkeit kannst du ebenfalls jetzt individuell anpassen.

↪ Dann klicke auf *Weiter*.

Orderzusatz

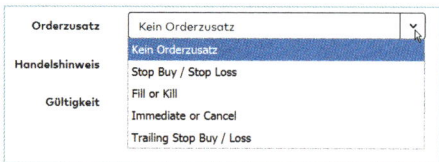

Wenn du Aktien *kaufst* und kein Limit vorgibst – also keinen Preis, zu dem du höchstens kaufen möchtest –, spricht man von einer **Billigst-Order**. *Verkaufst* du Aktien ohne Limit zum höchstmöglichen Kurs, so ist das eine **Bestens-Order.**

Gibst du ein Limit an, bestimmst du, zu welchem Kurs du kaufen oder verkaufen möchtest. Es kann vorkommen, dass deine Order durch das Limit nicht sofort ausgeführt wird, da zu deinem Limit gerade kein Angebot oder keine Nachfrage am Markt besteht.

Darüber hinaus gibt es Orderzusätze wie **Stop-Loss-Order** (➙ Seite 172), **Stop-Buy-Order** (➙ Seite 172), **Trailing-Stop-Orders** (➙ Seite 172) und Ähnliche, um deine Order abzusichern. Das heißt, sie können über bestimmte Verlust- oder Gewinnschwellen nicht hinausgehen, und ein Verkauf wird automatisch vom System am gesetzten Punkt veranlasst.

Im Börsen-Wiki ab Seite 164 oder in unserer kostenlosen **Lern-App »finanzcoach«** findest du noch mehr interessante Informationen dazu.

Handelshinweis

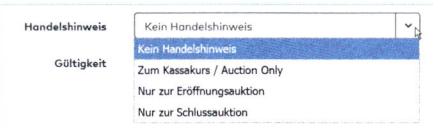

Bei dem Hinweis **Eröffnungs-** oder **Schlussauktion** wird die Order garantiert zum offiziellen Eröffnungs- bzw. Schlusskurs ausgeführt, sofern sie ausführbar ist.

Bei **Kassakurs** kaufst du zum Kurs der Mittagsauktion oder der nächsten geplanten Auktion. Für variabel handelbare Aktien, bei denen also während der Börsenzeit jederzeit ein Wertpapierkurs festgestellt werden kann, wird kein Kassakurs ermittelt.

Gültigkeit

Die Gültigkeit gibt an, wie lange eine Order an der Börse platziert wird. Kommt es während der Gültigkeit nicht zu einer Ausführung, kommen also Angebot und Nachfrage nicht zusammen, verfällt die Order. Das kann zum Beispiel der Fall sein, wenn du ein sehr viel zu hohes oder zu niedriges Limit setzt. Wird eine Order ausgeführt, ist der Auftrag für die Börse quasi erledigt. Die Gültigkeit spielt in diesem Fall keine Rolle mehr.

Bei comdirect kannst du zwischen **tagesgültig** und **Ultimo** (Monatsende) wählen.

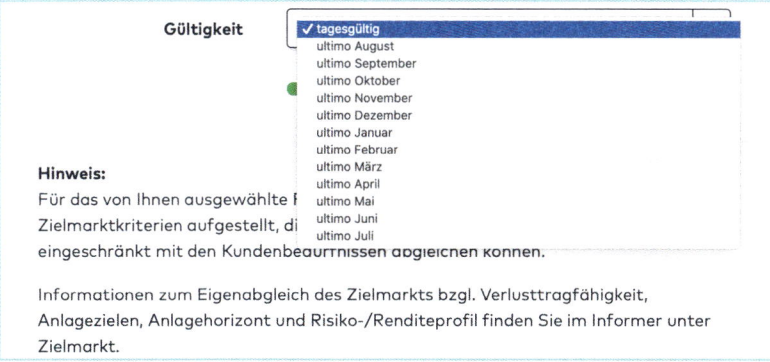

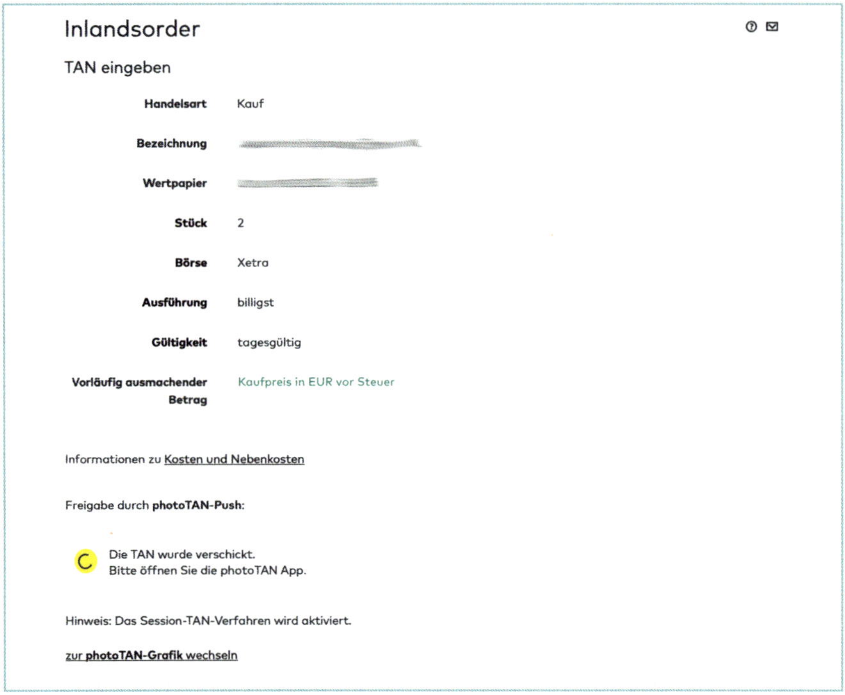

→ Wenn du alles eingegeben hast, bekommst du nochmals eine Übersicht über deine Wertpapierorder. Überprüfe noch einmal, ob alles stimmt.

→ Zum Schluss gibst du deine Order mit einer TAN frei.

Herzlichen Glückwunsch! Du hast nun deine erste Aktie gekauft!

Nutze das Anlagetagebuch (⟶ Seite 163), um die Wertentwicklung deines Depots zu prüfen und zu ergänzen, wie es dir damit geht.

Notiere dir hier deine Gedanken oder Gefühle nach der ersten Anlage. Alternativ kannst du auch einen kurzen Brief an dein »Ich« senden, als du mit dem Buch gestartet bist.

GEBÜHREN UND KOSTEN BEIM WERTPAPIERKAUF

Wenn du Aktien oder Fonds kaufst, fließt nicht der komplette Betrag in die Wertpapiere. Banken, Fondsgesellschaften oder Broker berechnen für ihre Tätigkeit schließlich auch ein gewisses Entgelt. Diese Gebühren solltest du kennen:

Depotführungskosten

Die meisten Banken verlangen Verwaltungsgebühren dafür, dass sie dein Aktiendepot führen. Du kannst ungefähr mit 10 bis 30 Euro im Jahr rechnen. Viele Online-Broker bieten das Depot dagegen kostenlos an – darunter auch comdirect. Hier gibt es das Depot in den ersten drei Jahren kostenfrei. Auch danach fallen keine Depotkosten an, wenn du mindestens zwei Trades im Quartal ausführst, ein Girokonto bei comdirect hast oder dort mindestens eine Ausführung pro Quartal tätigst (Stand: Juni 2020).

Transaktionskosten

Das sind Gebühren für die Abwicklung von Wertpapierkäufen und -verkäufen. Je nach Geschäftsmodell rechnen Banken beziehungsweise Broker entweder eine feste Pauschale oder eine prozentuale Gebühr plus Grundgebühr ab. Hat eine Order (ein Auftrag) ein größeres Volumen, ist der Fixbetrag in der Regel die günstigere Variante.

Ausgabeaufschlag

Wird meist beim Kauf von Fondsanteilen fällig. Der Aufschlag deckt in der Regel die Beratungs- und Vertriebskosten ab. Bei aktiv gemanagten Fonds fallen 3 bis 5 Prozent an. Bei ETFs fällt hingegen grundsätzlich kein Ausgabeaufschlag an.

Indirekte Fondskosten

Dein Anlagevermögen kann außerdem Kosten für die Verwaltungstätigkeit der Fondsgesellschaft (Management Fees) sowie Aufwandsersatz für Informationstätigkeit, Rechtsberatung, Wirtschaftsprüfung und die Depotbankvergütung schmälern. Wie hoch diese Kosten jeweils ausfallen, lässt sich der Total Expense Ratio (TER) entnehmen. Diese Gesamtkostenquote muss seit Anfang 2004 für jeden Fonds veröffentlicht werden. Ermittelt wird die TER, indem die innerhalb eines Geschäftsjahres angefallenen Kosten ins Verhältnis zum durchschnittlichen Fondsvolumen gesetzt werden. Bei aktiv gemanagten Aktienfonds liegt sie meist zwischen 1,0 und 2,5 Prozent. Bei ETFs nur zwischen 0,1 und 1 Prozent.

Du willst deine Trades im Blick behalten?

Die Wertpapierabrechnung landet nach der Order in deinem Online-Posteingang. Dort sind alle Details zum Kauf oder Verkauf inklusive Kosten abgebildet.

Notiere dir einfach regelmäßig die Höhe deiner Gebühren, um sie im Blick zu behalten. Einen ersten Start kannst du direkt in dieser Tabelle machen.

DATUM	KAUF / VERKAUF WERTPAPIER	GEBÜHREN
		€
		€
		€
		€
		€
		€
		€
		€
		€
		€
		€
		€
		€
		€

DER ANTEIL FÜRS FINANZAMT

Aktien- oder Fondsgewinne musst du versteuern. In der Regel läuft das automatisch. Damit du aber nicht zu viel Steuern zahlst, solltest du unbedingt Freistellungsaufträge erteilen.

Zinsen, Dividenden und Gewinne aus Wertpapier- oder Fondsverkäufen unterliegen der sogenannten *Abgeltungsteuer*. Pauschal fallen 25 Prozent Steuern an – plus 5,5 Prozent Solidaritätszuschlag und gegebenenfalls Kirchensteuer.

801 Euro bleiben garantiert steuerfrei

Allerdings hast du als Kapitalanleger*in einen Freibetrag (Sparerpauschbetrag), bis zu dessen Grenze du deine Gewinne von vornherein steuerfrei einstreichen kannst. Er beträgt bei Singles 801 Euro und bei Verheirateten 1.602 Euro.

Wichtig: Freistellungsaufträge erteilen

Banken oder Fondsgesellschaften in Deutschland führen die Steuern direkt an das Finanzamt ab. Dass dabei Gewinne bis zur Höhe des Sparerpauschbetrags außen vor bleiben, stellst du mit einem Freistellungsauftrag sicher, den du der Bank erteilst. Die entsprechenden Formulare findest du meist auf den Internetseiten. Hast du mehrere Konten oder Depots, solltest du den Betrag geschickt auf die verschiedenen Institute verteilen, um den Sparerpauschbetrag bestens ausnutzen zu können.

Bei niedrigem Einkommen Steuern erstatten lassen

Die Anlage des Sparerpauschbetrages auszufüllen lohnt sich übrigens auch, wenn du weniger verdienst und dein persönlicher Steuersatz daher niedriger ist als 25 Prozent. Dazu setzt du ein Häkchen bei der »Günstigerprüfung«. Das Finanzamt prüft dann automatisch, ob du zu viel Steuern gezahlt hast. Bei Einkünften bis zu rund 16.000 Euro kann das der Fall sein. Wenn deine gesamten Einkünfte sogar unterhalb des Steuergrundfreibetrags liegen (2019: 9.168 Euro / 2020: 9.408 Euro), musst du gar keine Steuern zahlen. In dem Fall kannst du beim Finanzamt eine Nichtveranlagungsbescheinigung beantragen. Wenn du diese bei der Bank vorlegst, zieht sie auch keine Abgeltungsteuer ein.

 Keine Sorge, wenn du den Antrag vergessen hast oder meinst, die Beträge seien falsch verteilt. In dem Fall kannst du dir zu viel gezahlte Steuern später über die Steuererklärung zurückholen. Dazu füllst du dann einfach auch die Anlage KAP (Einkünfte aus Kapitalvermögen) aus.

So erteilst du deinen Freistellungsauftrag online auf comdirect.de:
- ☐ Logge dich in deinen persönlichen Bereich ein und wähle unter »Verwaltung« den Bereich »Steuerübersicht«.
- ☐ Klicke auf »Freistellungsauftrag erteilen«.
- ☐ Überprüfe deine persönlichen Daten, und gib deine persönliche Steuer-Identifikationsnummer ein.
- ☐ Entscheide, ob du deinen Freistellungsauftrag bis zu einem bestimmten Betrag oder in voller Höhe des Sparerpauschbetrages erteilen möchtest.
- ☐ Wähle die Gültigkeitsdauer des Freistellungsauftrages.
- ☐ Dann den Auftrag nur noch durch Eingabe einer gültigen TAN bestätigen – und fertig!

Die steuerliche Behandlung hängt von den persönlichen Verhältnissen der jeweiligen Person ab. Die Rechtsgrundlagen für die Besteuerung von Kapitaleinkünften können sich ändern. comdirect übernimmt keine Gewähr für die Richtigkeit, Vollständigkeit und Aktualität der bereitgestellten Informationen auf dem Gebiet des Steuerrechtes. Die zur Verfügung gestellten Informationen ersetzen keine persönliche Steuer- oder Rechtsberatung.

→ ZIEHE EINE ZWISCHENBILANZ ←

Notiere dir, wie du durch diesen Teil des Buches gekommen bist. Was hast du bisher gelernt? In welche Themen willst du noch tiefer einsteigen? Wie fühlst du dich nach deiner ersten getätigten Anlage? Bist du motiviert für mehr?

Notiere deine Gedanken hier:

LET'S TALK ABOUT MONEY, BABY

*Gemeinsames Leben – getrennte Konten. Finanzen in der Partnerschaft kön-
nen unterschiedlich organisiert werden. Hier erfährst du, wie du mit dem Drei-
Konten-Modell deine finanzielle Unabhängigkeit bewahrst.*

Feste Partnerschaft in Sicht, aber keine Ahnung, was der*die Partner*in verdient? Über 60 Prozent der Deutschen wissen grundsätzlich nicht, was der*die andere verdient. Dabei ist es nicht nur beim Thema Familienplanung wichtig, darüber zu sprechen und Bescheid zu wissen. Schon eher sollte man sich über Geld und die Einstellungen dazu unterhalten. Dann werden Planungen im Alltag – von Essen gehen bis hin zu anderen Freizeitaktivitäten, Urlauben und weiteren Punkten – nicht mehr zur Herausforderung oder gar zu einer Zerreißprobe. Denn belasten diese Dinge das Budget des einen nur marginal, kann beim anderen der Geldtopf für solche Vorhaben schon schnell geleert sein. Daher sollte darüber gesprochen und Vereinbarungen getroffen werden.

Es ist wichtig, in der Partnerschaft gemeinsam einen Weg zu finden. Sprecht über eure finanzielle Situation und macht euch gegenseitig nichts vor. Damit ist keinem geholfen. Findet einen Weg für eure eigenen Finanzen, aber auch einen für die gemeinsamen. Und sprecht doch mal mit Freund*innen und schaut, mit welchen Modellen sie gute und auch schlechte Erfahrungen gemacht haben.

Spätestens nach dem Ja-Wort entscheiden sich viele Paare, nicht nur Tisch und Bett miteinander zu teilen, sondern auch die Finanzen. Manche Paare entscheiden sich in ihrer Beziehung, ihre Finanzen in einen Topf zu werfen. Sie führen nur noch ein Konto, auf das beide gleichberechtigt zugreifen können. Das klingt nach einer fairen Lösung, doch sie birgt Risiken.

Achtung, Haftungsrisiko: In der Regel werden Gemeinschaftskonten als sogenannte *Oder-Konten* geführt, das heißt, dass beide in der Partnerschaft rein rechtlich über die vollständigen Einkünfte des jeweils anderen verfügen können. Das erfordert großes Vertrauen. Im Falle einer Trennung könnte der Partner bzw. die Partnerin klammheimlich das Konto leer räumen. Daueraufträge werden nicht mehr ausgeführt, Lastschriften gehen zurück, und im Zweifel haftest du für die entstandenen Schulden, die die andere Person verursacht hat.

Andere Paare entscheiden sich laut einer Studie dafür, die Girokonten weiterhin strikt zu trennen. Im Zweifelsfall eine sichere Lösung, doch im Alltag ist das oft unpraktisch. Im gemeinsamen Haushalt gibt es zwangsläufig Ausgaben, die beide betreffen. Kosten für Lebensmittel, Miete, Strom oder für gemeinsame Versicherungen. Hier verliert man sehr schnell den Überblick, wer was und wie viel bezahlt.

 Sprich mit Freund*innen über das Thema Finanzen. Sicher teilen sie gern Tipps oder Erfahrungswerte mit dir. Über Geld reden kommt in deinem Freundeskreis nicht so gut an? Dann – und natürlich auch grundsätzlich – nutze die *finanz-heldinnen*-Community.

DAS DREI-KONTEN-MODELL

In der Praxis hat sich das Drei-Konten-Modell bewährt. Jede*r behält sein Girokonto, und für alle gemeinsamen Ausgaben gibt es ein Gemeinschaftskonto. Das Haushaltsbudget sollte mindestens alle laufenden Kosten decken. Besser noch du planst mit deinem Partner bzw. Partnerin so, dass jeden Monat ein Teil in eine Rücklage für unvorhergesehene Ausgaben fließt und ein Teil in gemeinsame Projekte wie den Urlaub oder die Wohnungsrenovierung.

Das Gemeinschaftskonto einzurichten ist sinnvoll, sobald man sich einen Haushalt teilt. Ihr müsst dafür nicht verheiratet sein. Für den Anfang empfiehlt es sich, die Finanzen über ein Guthabenkonto zu verwalten. Das monatliche Gehalt geht also weiterhin auf die jeweiligen Privatkonten. Von dort überweist jeder monatlich per Dauerauftrag den vereinbarten Anteil am Haushaltsbudget auf das Gemeinschaftskonto. Hierfür errechnet man sich alle Kosten und teilt diese auf. Unterscheiden sich die Einkünfte maßgeblich, kann man gemeinsam überlegen, ob der mehr verdienende Part prozentual zum Gehalt auch mehr von diesen Gemeinschaftskosten übernimmt. Die Finanzplanung bleibt überschaubar, da nur ausgegeben werden kann, was auf dem gemeinsamen Konto ist.

Faire Aufteilung

Jetzt stellt sich nur noch die Frage, wie man eine möglichst faire Regelung findet, wer wie viel in den gemeinsamen Topf hineinlegt. Eine Patentlösung gibt es nicht. Wir stellen dir drei Möglichkeiten vor, die sich in unterschiedlichen Lebenssituationen anbieten. Natürlich kannst du im Lauf der Zeit zwischen den Varianten hin und her wechseln. Vielleicht findet ihr im Gespräch aber auch eine ganz andere Lösung.

Möglichkeit 1: 50/50-Aufteilung

Beide tragen jeweils die Hälfte der gemeinsamen Kosten. Das klingt fair und ist es auch, solange beide in etwa gleich viel verdienen. Tritt eine*r von beiden aber vorübergehend beruflich kürzer, weil vielleicht eine Weiterbildung oder Elternzeit ansteht, wird die Person mit dem niedrigeren Gehalt schlechter gestellt. Das wird früher oder später zu Streitigkeiten führen.

Möglichkeit 2: einkommensabhängige Aufteilung

In den meisten Partnerschaften verdient eine*r mehr. Entsprechend kann es eine faire Lösung sein, dass der*die Besserverdienende auch einen höheren Anteil der Kosten trägt.

Ein Beispiel zur Berechnung der Anteile anhand der Nettoeinkünfte:
Person 1 verdient 2.500 € pro Monat, Person 2 3.000 €.
Gemeinsam kommen sie so auf 5.500 €.
Anteil Person 1: 2.500 x 100/5.500 = 45 %
Anteil Person 2: 3.000 x 100/5.500 = 55 %

Schatz, ich will ein Konto mit Dir.

#FINANZHELDINNEN

Jetzt bist du an der Reihe. Wie möchtet ihr eure Anteile in der Partnerschaft aufstellen?

Mein Einkommen:	€
Einkommen Partner*in:	€
Gemeinsames Einkommen:	€
Mein Anteil:	€
Anteil Partner*in:	€

Möglichkeit 3: Eine*r für alle

Angenommen, ein*e Partner*in bezieht kein eigenes Einkommen, kann es eine faire Regelung sein, das Gemeinschaftskonto als Gehaltskonto zu führen. Das heißt, das Gehalt des Alleinverdienenden fließt direkt aufs gemeinsame Konto und der Betrag, der nach Deckung aller Kosten übrigbleibt, geht zu gleichen Teilen auf die jeweiligen Guthabenkonten.

Unsere Absprache zu Finanzen:

Das gehört aufs Gemeinschaftskonto

Gemeinsame Finanzplanung bedeutet nicht, alles in einen Topf zu werfen. Vielmehr gilt es, einen Plan für das gemeinsame Leben zu entwerfen und die Finanzen regelmäßig auf den Prüfstand zu stellen.

Verschaffe dir mit dieser Checkliste einen Überblick:

1. Regelmäßige Ausgaben
Welche fixen Kosten von der Miete bis zur Kfz-Versicherung müssen gedeckt werden? Um die laufenden Kosten für Lebensmittel und Co. im Blick zu behalten, hilft ein Haushaltsbuch (➜ Seite 14 ff.).

2. Taschengeld
Schafft euch finanzielle Freiräume. Wer legt schon gern Rechenschaft über jeden ausgegebenen Euro ab. Überlegt lieber, wie viel Geld pro Monat für die eigene Freizeitgestaltung benötigt wird, und legt ein Taschengeldbudget fest.

3. Gemeinsame Sparziele
Sprecht darüber, welche gemeinsamen Ziele wie Urlaub, neue Möbel oder größere Geschenke für die Liebsten ihr verfolgen möchtet und legt regelmäßige Sparbeträge dafür zurück.

4. Rücklagen bilden
Unvorhergesehene Ausgaben für die Autoreparatur oder Neuanschaffungen können große Löcher ins Haushaltsbudget reißen. Bildet Rücklagen, sodass ihr für unvorhergesehene Geschehnisse darauf zurückgreifen könnt.

5. Schulden
Überlegt euch, wie ihr gemeinsam mit Altlasten umgehen wollt, die zum Beispiel ein*e Partner*in mit in die Beziehung bringt, und wofür ihr gegebenenfalls neue Schulden aufbauen müsst.

Der beste Plan taugt nichts, wenn er nicht eingehalten wird. Daher sollte eine Person die Ausgaben regelmäßig prüfen. Das ist übrigens kein Freifahrtschein für den anderen. Legt gemeinsam Regeln fest, wer sich worum kümmert und wie ihr Entscheidungen trefft. Am besten ist es, eine Routine zu entwickeln und sich gegenseitig auf dem aktuellen Stand zu halten.

VOLLMACHTEN UND VORSORGE

Du hast in den Kapiteln vorher viel darüber erfahren, wie du mithilfe der Börse dein Vermögen aufbauen kannst. Ein ganz wichtiger Punkt bei der Finanzplanung ist aber auch, das eigene Kapital zu schützen – insbesondere, wenn Unvorhergesehenes passiert. Krankheit, Trennung, Tod. Hier geht es jetzt darum, für solche Fälle vorzusorgen.

Was geschieht, wenn man wegen einer schweren Krankheit oder nach einem Unfall plötzlich keine eigenen Entscheidungen mehr treffen kann? Mit nachfolgenden Vollmachten kannst du vorbeugen.

> Wichtig an dieser Stelle vorab: Wir geben dir lediglich eine Übersicht der wichtigsten Themen, die du auf dem Schirm haben solltest. Informiere dich tiefgehender, wenn du dich an diese Themen machst, und ziehe dir Unterstützung hinzu. Anlaufstelle könnte ein Notarbüro sein, aber auch Stiftung Warentest bietet eine Reihe an Infomaterial und Checklisten für die Vorsorge.

Disclaimer: Bitte beachte, dass die Beurteilung von den jeweiligen Umständen des Einzelfalles abhängt. comdirect übernimmt keine Gewähr für die Richtigkeit, Vollständigkeit und Aktualität der bereitgestellten Informationen. Die zur Verfügung gestellten Informationen ersetzen keine persönliche Rechtsberatung.

Vorsorgevollmacht

Damit ermächtigst du deine Vertrauenspersonen, im Ernstfall finanzielle, gesundheitliche und persönliche Angelegenheiten für dich zu regeln. Bevollmächtigte Personen können zum Beispiel Rechnungen bezahlen, Verträge schließen oder sich mit Behörden und Krankenkassen auseinandersetzen. Die Person ist auch Ansprechpartner*in für Ärzt*innen oder Pflegeheime.

Vollmachten sind zwar grundsätzlich formfrei zulässig, können also theoretisch mündlich erteilt werden. Die Schriftform wird allerdings im Rechtsverkehr allgemein erwartet. Die schriftliche Vollmacht ermöglicht es dem*der Bevollmächtigten zudem erst, seine Bevollmächtigung auch nachzuweisen.

Patientenverfügung

Mit ihr regelst du, wie du im Ernstfall medizinisch behandelt werden möchtest – zum Beispiel ob, wie lange und in welchen Fällen du künstlich am Leben gehalten werden möchtest oder welche Behandlungen du ablehnst.

 Insbesondere, wenn es keine Vorsorgevollmacht gibt, solltest du die Ärzt*innen von der Schweigepflicht zum Beispiel gegenüber Partner*in oder Kindern befreien.

Sorgerechtsverfügung

Falls ihr Kinder habt, beeinflusst sie, wer im Ernstfall das Sorgerecht für minderjährige Kinder erhält, wie ihre Erziehung und die Verwaltung ihres Vermögens aussehen sollen. Sie ist in der Regel Bestandteil des Testaments. Die Sorgerechtserklärung musst du persönlich und handschriftlich verfassen.

Folgende Angaben gehören ins Dokument: Name des Vormundes, dein Vor- und Nachname, deine Unterschrift und das Datum. Bei Ehepaaren reicht ein gemeinsames Dokument. Der Partner oder die Partnerin ergänzt dort zum

Beispiel »Das ist auch mein Wille« und unterschreibt es. Bei unverheirateten Paaren müssen beide ein Dokument verfassen.

Damit die Sorgerechtsverfügung nach dem Tod vom Familiengericht beachtet werden kann, kannst du das Dokument beim Notar bzw. bei der Notarin verwahren lassen oder dem benannten möglichen Vormund übergeben. Es gibt auch die Möglichkeit, die Sorgerechtsverfügung gegen eine Gebühr beim zuständigen Nachlassgericht zu hinterlegen.

Bankvollmacht

Mit einer Bankvollmacht kann einer Vertrauensperson weitreichender Zugang zu den Bankgeschäften gewährt werden – auch über den Tod hinaus. Bei deiner Bank kannst du eine entsprechende Vorlage anfordern oder mit den entsprechenden Vorgaben selbst erstellen. Online findest du eine Reihe an Tipps hierzu.

 Gut zu wissen: Die Vollmacht kann unbegrenzt oder vom Eintritt bestimmter Ereignisse abhängig, wie beispielsweise im Pflegefall, eingeräumt werden. Du kannst die Vollmacht aber auch jederzeit widerrufen. Und: Durch die Ehe erhält man nicht grundsätzlich Zugriff auf das Konto des Partners oder der Partnerin.

Checkliste: An alles gedacht?

Wer ist/wer sind deine Vertrauensperson/en?

_____

Hast du über deinen Plan gesprochen?
☐ Ja   ☐ Nein

Mit dieser Person hast du gesprochen: _____

Diese Person/en möchtest du noch informieren:

_____

Wissen sie, wo sie die Vollmachten finden?
☐ Ja   ☐ Nein

Wer ist informiert? _____

Hast du mit deinem Partner oder deiner Partnerin in Ruhe besprochen, wer als Vormund infrage kommt?
☐ Ja   ☐ Nein

Wer ist der Vormund? _____

Hast du schon die Bankvollmacht erteilt?
☐ Ja   ☐ Nein

Noch ein Tipp: Vorlagen für Vorsorgevollmacht oder Patientenverfügung findest du auch online. Diese sollten aber nur als erste Orientierung dienen. Du musst genau überlegen, was in deinem Fall wichtig ist, und kontaktierst besser ein Notarbüro oder eine Rechtsanwaltskanzlei.

EHEVERTRAG

Zugegeben – mit Romantik hat das Thema wenig zu tun. Aber in einigen Fäl-
len gibt es gute Gründe, sich über solch einen Vertrag Gedanken zu machen –
und das am besten bereits vor der Hochzeit. Wenn alles gut läuft, bleibt er
halt einfach in der Schublade liegen – und stört dort keinen.

Was du per Ehevertrag regeln kannst

Güterstand

Per Gesetz gilt die Zugewinngemeinschaft. Jedem Partner bzw. jeder Partnerin
gehört das, was er*sie in die Beziehung mitbringt und was er*sie während der
Ehe dazu erwirbt. Kommt es zur Scheidung, müssen die Gewinne, die während
der Ehe erwirtschaftet wurden, geteilt werden. Per Ehevertrag kann stattdessen
zu Gütertrennung oder -gemeinschaft gewechselt werden. Möglich ist auch,
den Zugewinnausgleich zu modifizieren. Man klammert hier etwa bestimmte
Vermögensbestandteile wie Immobilien oder umfangreiche Depots aus.

Unterhalt

Der Ehegattenunterhalt nach einer Scheidung lässt sich zum Beispiel der
Höhe nach oder zeitlich begrenzen. Wichtig: Nicht ausschließen darf man
den Trennungsunterhalt, also die Finanzspritze während des gesetzlich vorge-
schriebenen Trennungsjahres, sowie den Unterhalt für mögliche gemeinsame
Kinder. Auch solch eine Klausel ist kritisch: Die Person, die sich um die Kinder
gekümmert und daher kein eigenes oder ein niedrigeres Einkommen hat, soll
auf den Unterhalt komplett verzichten.

Versorgungsausgleich

Laut Gesetz müssen Ehepartner*innen bei einer Scheidung die während der
Ehe erworbenen Rentenanwartschaften zur Hälfte der anderen Person gut-
schreiben. Darunter fällt die gesetzliche Rente ebenso wie Betriebs-, Riester-
oder private Renten. Haben indes beide Eheleute bereits ausreichend eigene
Vorsorge getroffen, können sie diesen Ausgleich auch komplett ausschließen.

Die Form eines Ehevertrages

Einen Ehevertrag muss ein Notar beglaubigen. Trifft ein Punkt oder treffen mehrere der nachfolgenden Punkte auf dich zu, dann kann ein Ehevertrag sinnvoll sein.

KREUZE AN	
☐	**Double Income no Kids:** Beide Ehegatten sind finanziell selbstständig, und keiner wird voraussichtlich karrieretechnisch kürzertreten. Kommt es zur Scheidung, sind sie auf gegenseitigen Ausgleich nicht angewiesen und können daher auf Gütertrennung wechseln oder Unterhaltsansprüche modifizieren.
☐	**Internationales Paar:** Haben die Ehegatten verschiedene Staatsangehörigkeiten, oder leben Deutsche im Ausland, können sie im Ehevertrag regeln, welches Landesrecht gelten soll.
☐	**Unternehmer-Ehe:** Der Betriebsinhaber bzw. die Betriebsinhaberin möchte per Ehevertrag regeln, dass die Firma im Fall einer Scheidung von vornherein außen vor bleibt.
☐	**Großes Erbe in Aussicht:** Schenkungen und Nachlässe gehören laut Gesetz eigentlich nicht zum Zugewinn. Sie würden bei einer Scheidung also nicht in den Ausgleich eingerechnet werden. Allerdings fließt alles, was man während der Ehe mit dem Erbe erwirtschaftet hat, in die Kalkulation ein. Beispiel: Die Wertsteigerung eines Depots oder eines Hauses. Wer das im Trennungsfall nicht mit dem Partner teilen möchte, kann dieses Vermögen aus dem Zugewinn ausschließen.

Schulden sind kein Grund:
Auch beim Zugewinnausgleich haften beide prinzipiell nur für die eigenen Verbindlichkeiten. Für die Schulden deines Ehepartners oder Ehepartnerin musst du generell nur dann einstehen, wenn ihr gemeinsam Darlehensverträge unterzeichnet oder du als Bürge eintrittst.

TESTAMENT

Ob du einen letzten Willen aufsetzen solltest, kommt ganz darauf an, wer später einmal erben soll. Das solltest du dir auf jeden Fall frühzeitig überlegen.

Die Sache ist die: Gibt es kein Testament, greift automatisch die gesetzliche Erbfolge. Ganz grob gilt danach: In erster Linie erben die Kinder zu gleichen Teilen und Ehe-/Lebenspartner*in. Gibt es keine Kinder, kommen die Eltern oder die Geschwister zum Zug. Passt diese Regelung nicht mit deinen Plänen überein, musst du deinen Willen per Testament kundtun.

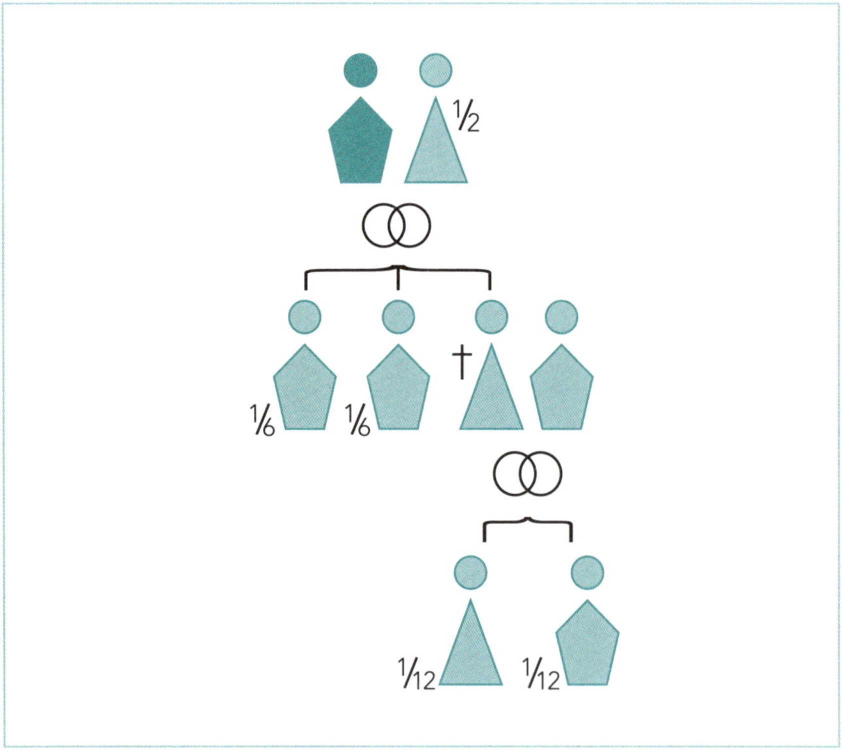

Das sind klassische Konstellationen, in denen ein eigener letzter Wille wichtig ist. Trifft das auf dich zu?

KREUZE AN	
☐	**Unverheiratetes Paar:** Ohne Testament ginge der Partner leer aus. Denn er ist in der gesetzlichen Erbfolge überhaupt nicht vorgesehen.
☐	**Kinder aus verschiedenen Ehen:** In dem Fall möchten die Partner*innen vielleicht verhindern, dass das eigene Erbe auch an die Stiefkinder fließt. Hier hilft eine sogenannten *Vor- und Nacherbschaft*. Nach dem Tod soll das Erbe zunächst an den überlebenden Partner oder Partnerin fließen. Heiratet er oder sie wieder oder stirbt, geht das Erbe aber direkt an die eigenen Kinder.
☐	**Erb*innen ausschließen:** Gibt es Angehörige in deiner Erbfolge, die du lieber außen vorhalten möchtest, kannst du sie per Testament zumindest auf den gesetzlichen Pflichtteil reduzieren. Dann bekommen sie in der Regel nur die Hälfte des eigentlichen Erbanspruchs.
☐	**Andere Erbquoten:** Testamentarisch kannst du auch festlegen, dass eine*r der gesetzlichen Erb*innen etwas mehr erhalten soll als andere. Das kann zum Beispiel infrage kommen, wenn ein Kind bereits zu Lebzeiten Teile des Vermögens erhalten hat oder das andere einige Jahre im Betrieb oder bei der Pflege geholfen hat.
☐	**Einzelne Gegenstände vererben:** Willst du, dass zum Beispiel deine Tochter auf jeden Fall deinen Hochzeitsring bekommt und der Neffe das Gemälde über dem Sofa, kannst du das im Testament im Wege von Vermächtnissen anordnen.

Formfragen:
Ein Testament musst du immer handschriftlich aufsetzen, also den kompletten Text selbst schreiben und unterschreiben. Sinnvoll ist in jedem Fall auch, ein Datum zu ergänzen. Eine Alternative ist ein Erbvertrag mit dem Partner oder der Partnerin. Den muss ein Notar oder eine Notarin beurkunden.

1. Ist es für meine persönliche Situation sinnvoll, ein Testament zu verfassen?

☐ Ja   ☐ Nein

2. Wen oder welche Angebote nutze ich zur Unterstützung bei der Erstellung meines Testaments? (Recherchiere hier Anlaufstellen und Angebote!)

_____

_____

_____

3. Wer soll begünstigt werden?

_____

_____

_____

4. Wer soll ausgeschlossen werden?

_____

_____

_____

5. Gibt es bestimmte Wertgegenstände, die ich an ausgewählte Menschen weitergeben möchte?

6. Wann soll mein letzter Wille verfasst werden?

7. Wen informiere ich über mein Testament und den Aufbewahrungsort?

Überlege dir genau, wo du dein Testament aufbewahrst und wen du über diesen Ablageort informierst. Übrigens gibt es auch die Möglichkeit, das Testament bei einem Notar oder einer Notarin zu hinterlegen.

DU HAST ES GESCHAFFT!

Die Punkte sind abgehakt, und du kannst dich Finanzheldin nennen! Nun kommt ein letzter wichtiger Schritt. Feiere dich und dein Tun! Stoße gemeinsam mit einem Herzensmenschen an und atme durch. War doch alles gar nicht so schlimm, oder?

Hake ab, was du inzwischen alles geleistet hast:

- ☐ Du hast ein Haushaltsbuch geführt,
- ☐ Challenges absolviert,
- ☐ deine Ziele festgelegt,
- ☐ Budgettöpfe aufgestellt
- ☐ und dir Grundlagen zur Geldanlage angeeignet.
- ☐ Du weißt nun, welche Produkte du nutzen kannst, um deine Rentenlücke zu schließen.
- ☐ Du hast dein Anlage-Universum aufgestellt
- ☐ und du weißt, wie man einen Wertpapiersparplan anlegt
- ☐ und wie du Aktien kaufst.
- ☐ Darüber hinaus hast du dir Gedanken zu Geld in der Beziehung gemacht
- ☐ und dich über Vollmachten und Vorsorge informiert.

Du hast dir nun eine großartige und wichtige Grundlage für deine finanzielle Zukunft geschaffen. Wir hoffen, dass es dir viel Freude bereitet hat und du für die Zukunft motiviert bist weiterzumachen. Zudem animieren wir dich, eine andere Person ebenso für das Thema zu begeistern und »mitzunehmen«.

Wenn jede von uns eine andere Frau an die Hand nimmt, sind wir morgen doppelt so viele.

#FINANZHELDINNEN

Check: Du hast dir zu Beginn notiert, was du an deiner finanziellen Situation verändern möchtest. Kommst du dem mit den bisher ergriffenen Maßnahmen näher?

Reminder »Heldenhaften Finanzcheck« anlegen

Mindestens einmal im Jahr solltest du deine Finanzen prüfen. Lege dir zum Ende des Jahres oder gleich zu Beginn einen Termin im Kalender für einen Finanzcheck an. Den Papierkram für die jährliche Steuererklärung erledigst du in einem Aufwasch direkt mit.

Für Themen wie Konto- und Depotcheck solltest du eine Routine entwickeln. Apps helfen hier wunderbar. Eigentlich bietet jede Bank sie heutzutage an und man kann immer mal wieder hineinschauen. Für größere Umsätze kann man sich Erinnerungen einstellen und bekommt meist auf den ersten Blick alle wichtigen Zahlen.

Die Devise lautet hier: Beobachte genau, aber mach dich nicht verrückt. Beim fünften Blick am Tag ins Depot, wird es nicht anders verlaufen. Du legst langfristig an und möchtest nicht morgen verkaufen.

Ein paar Punkte für dich zur Erinnerung:

Gib deine Tipps in Sachen Finanzen weiter.

Finanzielle Vorsorge ist wichtig! Vom Notgroschen bis zur Altersvorsorge.

Frauen treffen gute Finanz-Entscheidungen – traue dich!

Sprich über Geld und deine finanzielle Situation.

Bewusstsein schafft Zufriedenheit.

DRANBLEIBEN

Wir *finanz-heldinnen* haben es uns zum Ziel gesetzt, Frauen für Finanzen zu begeistern und sie auf dem Weg in ihre finanzielle Zukunft zu begleiten. Dass wir bis hierhin an deiner Seite sein durften, freut uns sehr. Dennoch möchten wir dich motivieren, weiter dranzubleiben und dir auch unsere anderen Formate anzusehen und weiteren Herzensmenschen zu empfehlen. Die Angebote sind so vielfältig, dass für jede*n etwas dabei sein sollte.

Online-Magazin finanz-heldinnen.de

Ob Partnerschaft, Familie, Leben, Wohnen oder Karriere – Finanzen begegnen uns in jedem Bereich unseres Lebens. In unseren Artikeln und Interviews findest du Tipps und Finanzinformationen zu allen Lebenslagen.

finanz-heldinnen Podcast

In unserem wöchentlichen Podcast »Schwungmasse« greifen wir das Thema Finanzen in Bezug auf alltägliche Themen auf. In spannenden Interviews lernst du Grundlagen zum Thema Börse, Sparen und Wertpapiere. Aber auch persönliche Themen und Geschichten kommen in unseren Interview-Folgen nicht zu kurz.

Lern-App »finanzcoach«

Die App kannst du dir kostenlos im Apple App Store oder Google Play Store downloaden. Erweitere dein Finanzwissen, teste deine Kenntnisse in Trainings und absolviere Zertifizierungen.

Social-Media-Kanäle

Instagram, Facebook, Twitter, LinkedIn, YouTube – du findest uns überall. Folge uns einfach auf deinem Lieblingsportal und verfolge unsere Aktivitäten.

Afterworks & Events

Triff uns auf unseren Afterwork Events oder anderen Veranstaltungen. Auch veranstalten wir immer wieder digitale Austauschformate. Alle Termine findest du auf unserer Website.

Mehr Infos zur Initiative *finanz-heldinnen* findest du auf unserer Website

finanz-heldinnen.de

Dir gefällt das Buch? Oder du bist schon Fan eines unserer Formate geworden? Dann freuen wir uns über eine Bewertung auf dem entsprechenden Portal. Auch über Ideen, Anregungen und Kritik freuen wir uns. Sende sie für einen bestmöglichen Austausch an

finanz-heldinnen@comdirect.de.

Was haben Geld und Glück gemeinsam?
Beides liegt in Deinen Händen.
#FINANZHELDINNEN

MEIN ANLAGETAGEBUCH

Emotionen stehen einem erfolgreichen Investment im Weg. Leider gibt es keinen Schalter, der Verlustängste oder Euphorie einfach abstellt. Ebenso wird es dir vermutlich trotz besseren Wissens schwerfallen, nicht doch in eine der typischen Anlagefallen zu tappen.

Mit einem Anlagetagebuch kannst du deine Emotionen wahrnehmen und zu Papier bringen. Das wird dir bei der Einordnung helfen, sodass du trotzdem eine rationale Entscheidung treffen kannst. Richte dir für den Anfang einen festen Termin pro Woche ein, an dem du über einen Zeitraum von etwa drei Monaten die Wertentwicklung deines Depots prüfst und ergänzt, wie es dir damit geht. Haben dich in der Woche besondere Themen oder Nachrichten beschäftigt, oder möchtest du einen Fachbegriff nachschlagen, den du aufgeschnappt hast, notiere dies unter der Tabelle. Das hilft dir nach und nach, dein Wissen zu erweitern. Später kannst du diese Routine in größeren Abständen durchführen, beispielsweise einmal im Monat oder einmal im Quartal.

Nutze die Vorlage, um sie dir digital oder in ein Heft zu übertragen und auch später oder über einen längeren Zeitraum nutzen zu können.

Eine Vorlage kannst du dir auch von unserer Website herunterladen:

finanz-heldinnen.de / planer

Datum: _____

Ich fühle mich ... ☐ gut ☐ neutral ☐ schlecht

NOTIZEN:

_____

_____

_____

_____

_____

MEIN DEPOT ...

... liegt im Plus   ☐ Ja   ☐ Nein   Stand: _____

... zeigt keine nennens-
    werte Veränderung   ☐ Ja   ☐ Nein   Stand: _____

... liegt im Minus   ☐ Ja   ☐ Nein   Stand: _____

Themen, die mich beschäftigt haben:

_____

_____

_____

_____

BÖRSEN-WIKI

In der Aktienwelt spricht man scheinbar eine völlig eigene Sprache. Ständig fliegen einem Fachbegriffe und Fremdwörter um die Ohren, die einen erst einmal etwas ratlos zurücklassen. Deshalb findest du hier eine Übersetzung für die wichtigsten Aktienvokabeln.

Aktie

Bei einem Aktienkauf erwirbst du Anteile eines Unternehmens, du wirst also Miteigentümer*in. Laufen die Geschäfte des Unternehmens gut, profitierst auch du durch Kurssteigerungen und Dividendenzahlungen. Trüben sich die Gewinnerwartungen hingegen ein oder kommt es sogar zu Verlusten, wird auch der Aktienkurs sinken und dir damit Einbußen bescheren.

Aktienchart

Ein Aktienchart zeigt an, wie sich der Kurs einer bestimmten Aktie in der Vergangenheit entwickelt hat. Er kann dir also ganz nach Belieben zum Beispiel den Kursverlauf des vergangenen Tages, der letzten Woche oder der zurückliegenden Jahre anzeigen. So siehst du auf einen Blick, wie gut oder schlecht die Performance (→ Seite 170) eines Wertpapiers ist.

Anleihe

Anleihen sind das Wertpapierpendant zu Tagesgeld und Sparbuch. Der wichtigste Unterschied: Man leiht sein Geld nicht der Bank, sondern nur einem Schuldner. Das kann zum Beispiel ein Staat sein: Kauft man Bundesanleihen, dann leiht man sein Geld dem deutschen Staat, der es mit Zinsen zu einem vorher festgelegten Zeitpunkt wieder zurückzahlt. Du kannst dein Geld aber

zum Beispiel auch einem Unternehmen leihen, dann spricht man von Unternehmensanleihen.

Assetklassen

Der englische Begriff Asset bedeutet »Vermögenswert«. Das kann alles Mögliche sein – vom Bargeld im Sparschwein über dein Eigenheim bis zur Aktie, anderen Wertpapieren oder Rohstoffen. Diese Assets lassen sich in verschiedene Gruppen (= Assetklassen) einteilen. Man spricht im Deutschen von Anlageklassen.

Baisse / Hausse

Die Hausse (französisch für »Anstieg«) steht an der Börse für anhaltend steigende Kurse, die Baisse (französisch für »Rückgang / Abnahme«) für anhaltend sinkende. Man spricht auch vom Bullen- (aufwärts) beziehungsweise Bärenmarkt (abwärts). Bulle und Bär, die beiden Bronzefiguren vor der Frankfurter Börse, sollen das verkörpern.

Benchmark

Die Benchmark ist ein Vergleichsmaßstab, an dem sich ablesen lässt, wie gut sich eine Aktie oder ein Fonds im Rahmen eines bestimmten Börsenumfelds entwickelt hat. Bei den einzelnen im Dax notierten Titeln wäre also der Dax selbst die Benchmark.

Blue Chips

Als Blue Chip oder Standardwert gelten in der Regel umsatzstarke Aktien von Großunternehmen. In Deutschland zählen zum Beispiel die Papiere von Unternehmen wie Allianz, Bayer, BMW, SAP oder Siemens dazu.

Börsenindizes

An den Börsen werden weltweit Tausende von Aktien gehandelt. Börsenindizes bündeln Titel, die je nach Index eine bestimmte Gemeinsamkeit haben,

z. B. Marktkapitalisierung, Branche, Assetklasse, usw. Jeder Index spiegelt damit die Entwicklung auf einem Teilmarkt wider.

Cashflow

Der Begriff stammt aus dem Englischen und heißt übersetzt »Geldfluss«. Der Cashflow ist eine der wichtigsten Kennzahlen bei der Aktienbewertung. Mit ihm wird nämlich die Finanzkraft eines Unternehmens bestimmt. Er setzt sich zusammen aus dem Jahresüberschuss, den Abschreibungen, den Veränderungen bei langfristigen Rückstellungen und den Veränderungen bei Rücklagen.

Cost-Average-Effekt (Durchschnittskosteneffekt)

Wer über einen längeren Zeitraum regelmäßig gleichbleibende Beträge zum Beispiel in Fondssparpläne investiert, kann den durchschnittlichen Einstiegspreis verringern. Der Grund: Bei höheren Kursen werden automatisch weniger und bei niedrigeren Kursen mehr Anteile erworben.

Diversifikation

»Nicht alle Eier in einen Korb legen« lautet eine bekannte Börsenweisheit. Gemeint ist damit, das Risiko eines Anlageportfolios auf viele Schultern zu verteilen, um dadurch die spezifischen Risiken der einzelnen Anlagen zu mildern. Für die optimale Risikostreuung sollten sich in einem Wertpapierdepot neben Aktien auch Wertpapiere, die regelmäßig Zinsen abwerfen, wie Unternehmens- oder Staatsanleihen, befinden. Ebenso Immobilien und Rohstoffe. Darüber hinaus sollte ein Portfolio verschiedene Branchen und Anlageregionen abdecken.

Emerging Markets

Übersetzt bedeutet das »aufstrebender Markt« oder »Schwellenmarkt«. In der Regel werden Märkte in den sogenannten Schwellenländern so bezeichnet. Ein Schwellenland wiederum ist ein Staat, der an der Schwelle von Entwicklungsland zu Industrienation steht. Dazu zählen aktuell zum Beispiel sowohl

große Staaten wie China, Russland oder Indien als auch kleinere Länder wie Bulgarien oder Rumänien.

ETC

Mit »Exchange Traded Commodities« können Anleger*innen in Rohstoffe und Edelmetalle investieren. ETCs sind ähnlich ausgestaltet wie börsengehandelte Indexfonds (ETFs): Sie sind offen strukturiert, kostengünstig und ihre Preisbildung ist transparent.

ETF

Die Abkürzung steht für »Exchange Traded Fund«. ETFs orientieren sich in der Regel an einem Vergleichsindex, dessen Wertentwicklung möglichst 1:1 abgebildet werden soll. Daher werden sie oft auch als Indexfonds oder passive Investmentfonds bezeichnet. In der Regel sind sie günstiger als aktiv gemanagte Fonds.

Expected Shortfall

Der Expected Shortfall ist das Maß für den durchschnittlichen Schaden, falls der Value at Risk (→ Seite 173) einer Anlage überschritten wird. Salopp gesagt zeigt der Expected Shortfall an, wie schlimm es kommen kann.

Geldpolitik

Diese umfasst alle wirtschaftspolitischen Maßnahmen, die eine Zentralbank ergreift, um ihre Ziele zu verwirklichen. Hauptziel ist, den Geldwert stabil zu halten. Für die EU übernimmt diese Aufgabe die Europäische Zentralbank (EZB). Das wichtigste Instrument der Geldpolitik ist der Leitzins (→ Seite 169).

Inflation

Selbst das vermeintlich sichere Sparguthaben ist nicht vor Wertverlusten gefeit. Die Inflation schmälert im Lauf der Zeit den Wert. Sie zeigt an, in welchem

Maß sich die Preise für Waren und Dienstleistungen im Vergleich zum Vorjahr verändert haben. Steigt das allgemeine Preisniveau innerhalb einer Volkswirtschaft, verliert Guthaben an Wert.

Investmentfonds

Viele Sparer*innen oder Anleger*innen investieren ihr Geld in einen gemeinsamen großen Topf. Die Investmentgesellschaft kauft davon je nach ihrem Schwerpunkt verschiedene Anlageprodukte: Aktien, festverzinsliche Wertpapiere, Immobilien, Rohstoffe oder Derivate. Oberstes Ziel ist die Risikostreuung. Die Anleger*innen sind entsprechend ihrer Einlage an den Vermögenswerten dieses Fonds beteiligt.

IPO

Die Abkürzung steht für »Initial Public Offering«. Gemeint ist also das erstmalige öffentliche Anbieten von Aktien an der Börse. Hinter dem IPO verbirgt sich daher nichts anderes als der Börsengang eines Unternehmens.

KGV

Das »Kurs-Gewinn-Verhältnis« ist eine Kennzahl zur Beurteilung von Aktien. Faustregel: Je niedriger das KGV, desto besser. Es zeigt nämlich den Kurs der Aktie im Verhältnis zum Gewinn pro Aktie an (Aktienkurs/Gewinn pro Aktie = KGV). Beträgt das KGV also zum Beispiel 5 bedeutet das, dass das Unternehmen fünf Jahre braucht, bis es den Aktienwert als Gewinn erwirtschaftet hat.

Konfidenzniveau

Das Konfidenzniveau gibt an, mit welcher Wahrscheinlichkeit ein Wert aus einer Stichprobenerhebung auch für die Grundgesamtheit gilt. Ein Konfidenzniveau von 99 Prozent heißt, dass der statistisch berechnete Wert (z. B. der Value at Risk ➜ Seite 173) mit 99-prozentiger Wahrscheinlichkeit auch für die Grundgesamtheit gilt.

Korrelation

Der Begriff beschreibt die Abhängigkeit der Entwicklung zweier Wertpapiere (↪ Kapitel »Diversifikation oder wie man Risiken clever verteilt« Seite 64 ff.). Sind zwei Wertpapiere miteinander korreliert, reagieren sie in gleicher Weise auf äußere Einflüsse. Ziel der Diversifikation, also der Mischung des eigenen Portfolios, ist es, Korrelationen zu minimieren.

Large Cap

↪ siehe Marktkapitalisierung, Seite 169 f.

Leitzins

Ihn legen die Noten- und Zentralbanken fest. Er bestimmt, zu welchen Bedingungen sich Kreditinstitute bei den Zentralbanken Geld beschaffen können. Indirekt beeinflusst der Leitzins damit auch den Geldmarkt und die allgemeine Zinsentwicklung. Vereinfacht gesagt steigen die Kredit- und Sparzinsen auch für Verbraucher*innen und Unternehmen, wenn der Leitzins angehoben wird und umgekehrt. Aktuell hat die EZB den Leitzins in der EU auf 0 Prozent abgesenkt.

Limit

Du kannst bei deinen Aktiengeschäften Limits setzen. Diese geben einen bestimmten Kurs an, zu dem der Makler oder die Bank das Geschäft ausführen darf. Beim Kauf einer Aktie wäre das also der Kurs, bis zu dem der Händler maximal zugreifen darf, beim Verkauf der Kurs, den er nicht unterschreiten darf.

Marktkapitalisierung

Sie gibt den aktuellen Börsenwert eines Unternehmens wieder. Die Marktkapitalisierung wird berechnet, indem man die Anzahl der Aktien mit dem Aktienkurs multipliziert. Daher entspricht die Marktkapitalisierung letztlich dem Preis, den ein Käufer für sämtliche umlaufenden Aktien eines Unternehmens bezahlen müsste. Von der Marktkapitalisierung hängt zugleich ab, ob man eine Aktie als Large Cap, Mid Cap oder Small Cap bezeichnet. Cap ist die Abkürzung von »Capitalization«. Zu den Large-Cap-Aktien zählen alle Unternehmen mit einer Marktkapitalisierung jenseits von zwei Milliarden Euro. Mid Caps haben einen Börsenwert zwischen 500 Millionen und zwei Milliarden Euro, während die Small Caps eine Marktkapitalisierung unter einer halben Milliarde Euro aufweisen.

Marktrisiko

Darunter versteht man die Wahrscheinlichkeit von finanziellen Verlusten, die dadurch entstehen, dass sich die Marktpreise von bestimmten Werten ändern, also Zinsen, Aktienkurse, Rohstoffpreise oder auch Wechselkurse.

Mid Cap

→ siehe Marktkapitalisierung, Seite 169 f.

OCO

OCO steht für »One Cancels Other«: Wenn du für ein Wertpapier gleichzeitig eine Stop-Buy-/-Loss-Order und eine Limit-Buy-/-Loss-Order setzt, wird die eine Limit-Art automatisch gelöscht, sobald die andere ausgeführt wird. Damit entscheidest du, wie viel du in einer Position maximal gewinnen oder verlieren möchtest.

Pennystocks

Als Pennystock gelten Aktien, deren Wert in der lokalen Währung unter Eins liegt. Ausnahme: In den USA fallen alle Aktien darunter, deren Wert unter fünf US-Dollar liegen.

Performance

Der Begriff bedeutet auf Deutsch übersetzt »Leistung«. Hat eine Aktie also zum Beispiel eine gute Performance, ist der Aktienkurs in letzter Zeit deutlich gestiegen. Bei »Low-Performern« ist er eher in den Keller gegangen.

Portfolio

Ein Portfolio ist die Gesamtheit aller Finanzanlagen.

Realzinsfalle

Davon spricht man, wenn die Inflation prozentual höher ist als die Zinsen, die man für eine Geldanlage erhält. Die Zinsen können dann nämlich den schleichenden Wertverlust des Geldes nicht mehr ausgleichen. Man bekommt zwar Zinsen – real sind sie aber nichts wert.

Rendite

Die Rendite beschreibt den Ertrag einer Geldanlage, der innerhalb eines Jahres in Bezug auf den Kapitaleinsatz der Anleger*innen erzielt wird. Gelingt es dir also zum Beispiel, aus 2.000 Euro binnen eines Jahres 2.100 Euro zu machen, hast du eine Rendite von 5 Prozent.

Risiko

Risiko bedeutet zunächst nichts anderes als die Möglichkeit, dass es anders kommen kann als erwartet – besser oder schlechter. Finanzrisiken lassen sich zum Beispiel unter anderem in folgende Kategorien einteilen:

↣ Kursrisiko: Der Wert von Aktien oder Anleihen verändert sich negativ.

↣ Zinsrisiko: Die Zinsen gehen nach unten.

↣ Währungsrisiko: Wertpapiere in Fremdwährungen sind außerdem der Gefahr ausgesetzt, dass sich Wechselkurse verändern und negativ auf das Portfolio auswirken.

Robo-Advisor

Dahinter verbirgt sich ein Algorithmen-basiertes System, das automatische Empfehlungen zur Vermögensanlage gibt und diese auch umsetzen kann.

Small Caps

→ siehe Marktkapitalisierung, Seite 169 f.

Stop-Loss-/Stop-Buy-Order

Diese Orderzusätze helfen, Kursverluste zu begrenzen beziehungsweise den richtigen Einstiegszeitpunkt zu erwischen. Dafür gibst du einen Verkaufs- beziehungsweise Kaufpreis ein. Wird dieser erreicht oder unterschritten/überschritten, wird das Papier zum nächsten Preis bestens verkauft/billigst gekauft.

Total Expense Ratio (TER)

Die TER, oder Gesamtkostenquote, fasst Fondskosten für die Verwaltungstätigkeit der Fondsgesellschaft (Management Fees) sowie Aufwandsersatz für Informationstätigkeit, Rechtsberatung, Wirtschaftsprüfung und die Depotbankvergütung zusammen. Diese Gesamtkostenquote muss seit Anfang 2004 für jeden Fonds veröffentlicht werden. Bei aktiv gemanagten Aktienfonds liegt sie meist zwischen 1,0 und 2,5 Prozent. Bei ETFs nur zwischen 0,1 und 1 Prozent.

Tradegate Exchange

Die Tradegate Exchange ist eine auf die Bedürfnisse von Privatanleger*innen ausgerichtete Wertpapierbörse. Sie stellt Kursdaten in Echtzeit zur Verfügung und ermöglicht den Handel auch außerhalb der Börsenöffnungszeiten. Haupteigentümerin der Tradegate Exchange ist die Deutsche Börse AG.

Trailing-Stop-Order

Trailing-Stops passen deine Stop-Loss- und Stop-Buy-Aufträge dem Kursverlauf an. Die Preisgrenze ist nicht fest, sondern passt sich dynamisch der Kursentwicklung an. Es kann beispielsweise festgelegt werden, dass der Stopp-Preis immer 10 Prozent unter dem aktuellen Kurs bleiben soll.

Value at Risk

Diese Standardkennzahl gibt – in Geldeinheiten ausgedrückt – den Verlust eines Portfolios an, der innerhalb eines festgelegten Zeitraums mit einer bestimmten Wahrscheinlichkeit nicht überschritten wird. Beträgt der Value at Risk einer Anlage beispielsweise 1.000 Euro, die Haltedauer ein Jahr und das Konfidenzniveau (→ Seite 168) 99 Prozent, dann bedeutet dies, dass die Anlage innerhalb eines Jahres mit sehr hoher Wahrscheinlichkeit, nämlich 99 Prozent, nicht mehr als 1.000 Euro verlieren wird.

Volatilität

Die Volatilität ist ein Risikomaß. Sie zeigt die Schwankungsintensität des Preises eines bestimmten Finanzinstruments (Aktie, Anleihe, Fonds etc.) innerhalb eines bestimmten Zeitraums. Je höher die Volatilität, um so stärker schlägt der Kurs nach oben und unten aus. Desto riskanter aber auch chancenreicher ist eine Investition.

Xetra

Xetra ist eine Abkürzung für »exchange electronic trading«. Dahinter verbirgt sich das größte elektronische Handelssystem in Deutschland unter anderem für den Kauf und Verkauf von Aktien und ETFs. Der Xetra-Zentralrechner befindet sich in Frankfurt am Main.

Zinseszinseffekt

Der Zinseszins beschreibt die Zinsen, die Anleger*innen auf Zinsen erhalten. Wenn Investor*innen ihre Zinsbeträge direkt wieder anlegen, kommt es zum Zinseszinseffekt: Weil die ausgezahlten Erträge direkt selbst wieder verzinst werden, kann das angelegte Kapital schneller wachsen.

DANKSAGUNG

Zuerst möchten wir dir als Leser*in des Buches danken! Du bist mit uns durch den Finanzdschungel gegangen, und wir freuen uns, dass wir dich begleiten durften. Wir möchten diese Stelle aber auch zum Anlass nehmen und unseren Dank etwas ausweiten. Denn ohne die Menschen, die von Stunde null an, an die Initiative *finanz-heldinnen* geglaubt und sie gefördert haben, wäre es nicht zu diesem Buch gekommen.

Dazu zählen insbesondere Frauke Hegemann, Matthias Hach sowie Annette Siragusano, die sich zu jeder Zeit unglaublich stark gemacht hat für unsere Mission.

Und hinter jeder erfolgreichen Finanzheldin steht ein grandioses Team – auch in unserem Fall. So ist es nicht verwunderlich, dass nicht nur wir an dem Buch gearbeitet haben, sondern Finanzheldin Swetlana gerade zu Beginn viel Input und Themen beisteuerte, die sie mit unseren beiden großartigen externen Autorinnen Britta und Melanie abgestimmt hatte.

Wir sind dankbar für die grandiose Reise, die wir bisher mit der Initiative hinter uns haben und schauen mit Freude auf die vielen Abenteuer, die noch vor uns liegen. Sei auch du dabei, und verfolge weiter deinen Weg in die finanzielle Unabhängigkeit!

WEITERE INFOS

Wenn du noch tiefer einsteigen möchtest, dann haben wir hier noch ein paar Buch- und Linktipps für dich:

Bücher

Margarethe Honisch – Easy Money. Wie du deine Finanzen regelst, endlich vorsorgst und trotzdem gut lebst

Daniel Korth, Ümit Mericler – Soundtrack für Vermögenswerte. Ein finanzieller Bildungsroman

Jessica Schwarzer – Damit sie sich keinen Millionär angeln muss … Erfolgreiche Finanzplanung für Frauen, die unabhängig sein und bleiben wollen

Albert Warnecke – Der Finanzwesir 2.0. Was Sie über Vermögensaufbau wirklich wissen müssen

Linktipps

Zins- und Renditerechner: fmh.de
Tipps zum Haushaltsbuch: femalefinanceforum.de
Podcast: finanzrocker.net
Finanzwissen für Jugendliche: fiuse.de
YouTube-Videos: Kanal von Finanzfluss
Markt-Updates von comdirect

ANMERKUNGEN

1 http://visionofhumanity.org/indexes/terrorism-index/
2 https://www.test.de/presse/pressemitteilungen/Anlagefehler-vermeiden-Depotbesitzer-verschenken-5-Prozent-Rendite-5154853-0/
3 https://www.test.de/presse/pressemitteilungen/Anlagefehler-vermeiden-Depotbesitzer-verschenken-5-Prozent-Rendite-5154853-0/
4 https://www.uni-mannheim.de/newsroom/presse/pressemitteilungen/2019/september/gleicher-job-weniger-rente-frauen-erhalten-26-prozent-weniger-gesetzliche-rente-als-maenner/
5 https://www.dai.de/files/dai_usercontent/dokumente/Statistiken/200228_Aktionaerszahlen%202019_Deutsches%20Aktieninstitut.pdf
6 https://www.dai.de/files/dai_usercontent/dokumente/renditedreieck/191231%20Dax-Rendite-Dreieck%2050%20Jahre%20Web.pdf

ÜBER DIE HERAUSGEBERINNEN

Katharina Bremer ist Kommunikationsreferentin bei comdirect und dort für die Initiative finanz-heldinnen zuständig. Zuvor betreute sie unterschiedliche Kommunikationsformate für comdirect und war im Marketing der BEGO Unternehmensgruppe aktiv. Erst durch ihre Tätigkeit bei der Direktbank hat sie sich stärker mit ihren Finanzen und ihren finanziellen Möglichkeiten auseinandergesetzt. Diesen Impuls und ihre Begeisterung für das Thema möchte sie im Rahmen der Initiative finanz-heldinnen auch an andere Frauen weitergeben. Dies tut sie sowohl im Podcast ›Schwungmasse‹, als auch in den vielfältigen Social Media und weiteren Formaten der Initiative und kann dort ihre Passion für Contenterstellung und -planung vollends einbringen.

Jessica Schwarzer ist eine der renommiertesten Finanzjournalistinnen Deutschlands. Die langjährige Chefkorrespondentin und Börsenexpertin des Handelsblatts (2008 bis 2018) arbeitet heute selbstständig als Journalistin und Moderatorin. Die gebürtige Düsseldorferin hat mehrere Bücher über die Psychologie von Anlegern und Investmentstrategien geschrieben. Zuletzt ist ihr fünftes Buch »Damit sie sich keinen Millionär angeln muss ... Erfolgreiche Finanzplanung für Frauen, die unabhängig sein und bleiben wollen.« erschienen. Die deutsche Aktienkultur ist der leidenschaftlichen Börsianerin eine Herzensangelegenheit, für die sie sich auch mit Vorträgen und Seminaren, und bei der Initiative finanz-heldinnen stark macht.